MAURIZIO MONTI

ROBOT TRADING

Sistemi automatici e strategie per investire in borsa e guadagnare 2.000 euro al mese generando rendite passive

Titolo

"ROBOT TRADING"

Autore

Maurizio Monti

Editore

Bruno Editore

Sito internet

http://www.brunoeditore.it

Sommario

Introduzione

Io libererò l'uomo: sì! Lo libererò dalla schiavitù del calcolo.
(Gottfried Wilhelm von Leibniz, matematico, inventore della prima macchina da calcolo capace di fare le quattro operazioni)

Sono trader professionista, da circa trentacinque anni. Sono anche l'editore di *Traders' Magazine Italia* e di *Investors'*, due riviste che sono ormai veri punti di riferimento dell'editoria finanziaria italiana. Dirigo l'Istituto Svizzero della Borsa, dove studiamo e sviluppiamo sistemi di trading. Ho altre attività imprenditoriali, oltre quelle nel mondo della finanza. Non so stare fermo, come probabilmente hai già capito.

Questo libro è pensato per te che vuoi approcciare il robot trading, o trading algoritmico, in modo efficace.
Il mio sogno come autore del libro è che possa essere utile anche ai giovani, e a tutti coloro che oggi si stanno chiedendo qual è la strada giusta da intraprendere.

In Italia, il trading e la finanza operativa in genere hanno bisogno estremo di giovani: la grande crisi finanziaria del 2008 ha allontanato le nuove leve dalla finanza operativa. Non occorrono grandi capitali per fare trading, o meglio per cominciare a farlo. Ma le opportunità possono essere gigantesche, se vengono perseguite con la costanza e la determinazione che servono.

Il libro si rivolge anche a chi già fa trading e cerca un approccio di diversificazione nell'area del trading algoritmico. Non si rivolge a coloro che, già esperti di trading algoritmico, ritengono di non avere più nulla da imparare e di essere arrivati.

Sono due le componenti fondamentali che occorrono per fare trading con successo: la prima, fondamentale – e la cosa non ti deve troppo meravigliare – è una giusta formazione e configurazione della **mente** ad accettare di generare ricchezza attraverso il trading. La seconda, meno importante, è una buona preparazione tecnica, che, se esistono la giusta *forma mentis* e la giusta dose di buona volontà e determinazione, non è un problema acquisire.

Se pensi che la formazione tecnica prevalga sulla preparazione mentale stai sbagliando. Per questa ragione all'inizio di questo libro cercherò di consigliarti, anzitutto, come prepararti mentalmente al trading. Non pensare ai pattern di prezzo, non ai grafici, non alla tecnica: dedicati prima alla tua mente.

Ho dedicato una vita alla finanza operativa e al trading: ho visto tante persone diventare ricche con il trading e altre rovinarsi. Ritengo di avere ricevuto tanto dal trading: ho una vita felice e non sono ossessionato dal denaro, che ho collocato nella giusta scala di valori. Il denaro, ti dimostrerò nel corso di questo libro, non esiste, e se saprai imparare questa lezione avrai posto la prima pietra per fare un trading di successo. Per fare qualcosa che può cambiare in meglio e decisamente la tua vita.

Impareremo insieme il miglior approccio possibile al trading di successo: anzitutto perché si chiama trading algoritmico, poi come farlo in modo da avere un ritorno economico crescente. Mettici il tuo impegno, tutta la tua passione e determinazione. Il trading non può essere fatto senza una carica di passione che diventi il motore della tua attività. Se è vero che tutte le professioni richiedono passione, il trading è ai primissimi posti di questa verità.

Devi promettermi, se seguirai i consigli di questo libro, di agire con la massima volontà di riuscire. Saranno solo la tua buona volontà e la grinta che ci metterai a decretare il tuo successo. E se sarà un successo, dirai che ne è valsa veramente la pena.

Michelangelo diceva che il Davide che aveva scolpito era già dentro il marmo, lui lo aveva soltanto tirato fuori. Il successo, ugualmente, è dentro di te, sta solo a te di tirarlo fuori. Tira fuori il Davide che è nel marmo della tua anima, questo ti serve, questo è il tuo scopo, questo cambia la tua vita in meglio.

Se sei pronto, andiamo a scolpire il tuo successo con il trading. Promettimi impegno, impegno, impegno. Sappi fin d'ora che se avrai bisogno di contattarmi, l'indirizzo email del servizio clienti di *Traders' Magazine* è info@traders-mag.it e il telefono +39 02 30332800. Nelle cose che faccio metto la mia faccia, sempre. Non esitare a scrivermi o contattarmi se avrai la necessità di farlo.
Buona Lettura!

Capitolo 1:
Sai quanto è importante la mente?

Leggendo un libro che parla di trading e che promette dal titolo risultati concreti di reddito, è ovvio aspettarsi di iniziare con le regole per fare trading di successo. Bim bum bam, come si fa a riempirsi le tasche di denaro: apri un conto di trading, usa questo sistema e sei a posto, la tua vita cambierà in un battibaleno, potrai smettere di lavorare, diventerai ricco o comunque guadagnerai tanti soldi.

Questo approccio è quello che spesso viene utilizzato da una spregiudicata parte di industria finanziaria (non tutta, sia chiaro) ed è totalmente errato. C'è infatti un problema di fondo che va rivelato e affrontato: a meno che tu non sia un professionista del trading, la tua mente non può essere, di suo, preparata a fare trading.

È semplice capire perché: il trading richiede un modello mentale incoerente con tutto il nostro background, con la nostra educazione, addirittura con le nostre abitudini quotidiane. Il trading non è materia compatibile con il nostro essere. È il nostro essere a dover rendersi compatibile con il trading.

Prendi maledettamente sul serio quello che ti sto dicendo. C'è una ragione per cui c'è una grande massa di persone che prova a fare trading e perde soldi. E la ragione sta nella mente, non nei mercati, nei broker cattivi, nelle grandi banche che manipolano il mercato. Solo nella mente: se perdi soldi, se li hai perduti, se li perderai – e questo libro vuole scongiurare questa ipotesi – il problema è nella tua mente e non altrove.

Tu non sei preparato a fare trading: il trading può portarti al successo o può farti maledire il giorno in cui hai pensato di farlo. La prima cosa di cui devi convincerti, se non sei già un professionista del trading, è che tu sei **inadeguato** a fare trading. La tua mente non può essere preparata a fare trading. Per renderti adeguato, devi renderti consapevole del perché ne hai bisogno.

Se ti senti offeso da questa affermazione, mi spiace. Guarda, se vuoi, smetti di leggere, piantala qui. Se ti vuoi convincere o sei già convinto che la tua mente nasce inadeguata a fare trading di successo, allora continua a leggere.

SEGRETO n. 1: la mente di ciascuno, per sua stessa natura, nasce inadeguata a fare trading di successo.

Il "pattern giusto"

Da molto prima che diventassi l'editore di *Traders' Magazine Italia* molte persone, conoscendomi, mi chiedevano consigli per migliorare il proprio trading. Ovviamente, da quando sono l'editore di *Traders'*, le "molte" persone sono diventate moltissime. C'è una costante, nelle persone che vogliono acquisire maggiori conoscenze per fare trading: la convinzione che seguendo le regole e regolette di chi fa trading di successo e replicandole si possano ottenere buoni risultati. Questo, purtroppo, è vero solo in parte, e per deluderti fino in fondo io ti dico che non è vero affatto.

Per dimostrarti quanto è sbagliato pensare che avere il pattern giusto, riconoscere una figura grafica, applicare delle regole in sequenza porti al successo nel trading, ti invito a pensare che la professione di trader non è certamente di minor rilievo o importanza rispetto a quella di qualsiasi professionista.

Ora, tu pretendi dal tuo commercialista che lui ti dica le regole e regolette che lui applica, in modo che tu possa affrontare l'Agenzia delle Entrate nel ricorso che devi presentare contro di essa? Pretendi dal tuo avvocato che ti spieghi che cosa dirà durante la prossima udienza della causa civile che hai con qualcuno in modo che, se fosse possibile, invece che mandare lui andrai tu in prima persona? Pretendi dal medico che ti taglia l'appendicite ingrossata di spiegarti quello che fa, in modo da farlo tu stesso?

Pensi che sia possibile la replica di quello che fa qualcun altro per avere la sua stessa professionalità? Perché non provi con la tua appendicite, invece che con i mercati?

Lo so, mi stai odiando. Stai pensando: mica sono la stessa cosa, l'appendicite e i mercati. In effetti, non sono la stessa cosa. Sono due cose diverse, perché affrontare i mercati in modo vincente è molto, molto, molto più complesso che tagliare un'appendicite. E se è più complesso, pretendi di farlo applicando due regolette? Torno a ripetere: perché non lo fai con la tua appendicite?

SEGRETO n. 2: se per fare trading basta seguire qualcuno molto esperto che lo fa, perché non provi tagliandoti tu stesso l'appendicite ingrossata?

Qualche anno fa entrai nella casa di una compagna di scuola di mia figlia. Il papà, sapendo che "masticavo qualcosa di trading", (alle volte uno, per farsi piccolo, esagera un po'), mi aveva preparato una meravigliosa trappola: dietro la porta di ingresso c'era appeso una specie di lenzuolo, un tazebao mostruoso, alto come la porta, che conteneva la riproduzione di una strategia di trading e la sua spiegazione analitica, con tanto di disegno dei pattern, la formula di applicazione e il commento.

Un lavoro che non capivo bene perché fosse stato prodotto in quel modo bizzarro, nell'era dei computer e della miniaturizzazione. Il papà della compagna di scuola di mia figlia mi chiese che cosa pensassi di quella strategia, presentandomela come una strategia notissima di non so bene chi. Mi rifiutavo un po' di ascoltare, divento antipatico in certi casi – se fossi stato un chirurgo non mi avrebbero presentato la gigantografia di una radiografia di un cardiopatico per chiedermi come lo avrei operato – invece da trader ti capita proprio così, tanto per fare il trader che ci vuole? Un tazebao, due regolette e via a fare soldi.

Io risposi, in modo molto pacato: "Chi può dirlo se funziona o no?" Intendevo che di per sé una strategia dice poco, poi bisogna saperla applicare e soprattutto saperla applicare con successo. La reazione fu evidentemente di offesa. Tuttora ho problemi a rapportarmi con quella persona. Tuttora quando è possibile ci evitiamo.

La mia risposta è stata interpretata come se volessi mantenere riserbo e segretezza sulle mie competenze di trading. Come un rifiuto a diffondere ciò che serve per fare i soldi, che invece deve essere appannaggio di tutti. Una sorta di comunismo del trading: il popolo deve saper fare trading, così può arricchirsi come i padroni.

Quanto sia demenziale questo modo di approccio al trading è

implicito in quello che cerco di spiegare. Il trading è una professione che non si può improvvisare. È una cultura che, come tale, va creata. Non è la conoscenza pedissequa di un metodo o di una strategia che ci renderà vincenti.

È la creazione di una cultura individuale, personale e cognitiva, che ci permette di approcciare i metodi per fare trading, interiorizzarli, farli propri, applicarli, tollerarne le naturali imperfezioni, vincere la paura del denaro accettando le perdite, vincere la paura di avere successo e l'ansia di non averlo, superare i condizionamenti interiori, educativi, formativi, i blocchi determinati dalle nostre angosce, le voci contrarie intorno a noi e dentro di noi. Ti basta? Potrei continuare per qualche capitolo.

La dinamica mentale
Nel 2001 studiavo già da parecchio tempo la scienza della dinamica mentale, e decisi di arricchire ulteriormente la mia capacità di comprensione dei fenomeni psicologici e comportamentali legati al trading andando in analisi con una psicoterapeuta.

Fu una vera università a cui dedicai ben undici anni, un'ora alla settimana, ogni lunedì sera dalle 20 alle 21. Ripeto, per undici anni.

Questo mi ha dato una buona capacità di capire a fondo la scienza comportamentale, e ha agito come acceleratore e amplificatore della mia capacità di utilizzare la dinamica mentale in tutto ciò che faccio a livello personale e professionale.

Ora io mi guardo bene dal consigliarti la psicoterapia, che fu una mia scelta precisa di cultura personale, posso però consigliarti di acquisire le nozioni fondamentali di dinamica mentale. Quello sì: e considera questo il vero primo passo per fare trading. E se sai fare trading, credimi, sai fare tante cose, perché in termini di attività di impresa il trading, malgrado quello che spesso si sente dire, è una delle più complesse. Qualsiasi cosa tu voglia affrontare nella vita la dinamica mentale ti aiuta.

Nei prossimi due paragrafi andrò a spiegare sinteticamente che cos'è la dinamica mentale e a che cosa puoi applicarla, nella esatta declinazione del modello che io stesso ho creato in capo a tanti anni di esperienza sull'argomento. Se vuoi fare trading, abbi un'intenzione molto molto seria di impararla: imparare la tecnica per fare trading sarà il secondo passo.

SEGRETO n. 3: prima di pensare alla tecnica, per fare trading di successo prepara la tua mente al successo.

Come può aiutarti la dinamica mentale?

Se sei uno che crede ai guru, segui i guru. Fai quello che dicono loro. Io non dico che formatori e motivatori non vadano ascoltati: l'arricchimento culturale è sempre una fonte importante. Il vero problema è che la chiave giusta per riuscire a ottenere un risultato che si vuole raggiungere, difficilmente sarà il guru, il formatore o il motivatore a fornircela.

Il risultato viene ottenuto attraverso l'interiorizzazione di un metodo che difficilmente ci piove dall'alto, salvo sporadiche eccezioni. Intendo dire: è la tua individuale, singola e irripetibile elaborazione mentale che produce un metodo, la cui applicazione sistematica, costante, e il cui miglioramento continuo ti aiutano a raggiungere un risultato.

Il guru, il formatore, il motivatore non sa come sei fatto. Tu sei tu. Ciascuno è diverso. Il buon Dio ci ha fatti individui, con un DNA irripetibile. La natura ci ha voluti così e, credimi, qualsiasi cosa venga fatta contro natura è destinata a fallire per carenza di energia autonoma a sostenerla.

La dinamica mentale è un processo: non ha nulla di esoterico, è scienza. Si basa su meccanismi mentali precisi e individuati con esattezza, che funzionano nella quasi totalità dei casi.

Quando frequenti il corso di un motivatore, di un guru, di un formatore, o leggi questo libro, che ha lo scopo di illustrarti come raggiungere il risultato esposto nel titolo, in realtà tu apprendi metodi applicati da altri.

Un metodo può essere certamente replicabile, ma è la tua capacità di interiorizzarlo a fare la differenza. E interiorizzare significa, di fatto, filtrare il metodo attraverso la tua personalità, facendolo entrare in modo naturale nel tuo DNA mentale per raggiungere il *tuo* risultato: intendo il risultato che individualmente tu vuoi ottenere nel modo che ti è congeniale per ottenerlo.

Attenzione, quindi e prima di tutto, alle scorciatoie, alle indicazioni "furbe", al fare i soldi in sette giorni, ai modelli illusori. Attenzione, in secondo luogo, a illudersi che il formatore che hai scelto (compreso me di cui leggi queste righe) conosca esattamente quello che vuoi ottenere e il modo per te migliore per ottenerlo.

Se leggi questo libro, è probabile che ti attragga l'idea di ottenere un reddito con il trading algoritmico, perché questo è quello che hai letto nel titolo. Puoi trovare dei metodi, in questo libro, che permettono di raggiungere questo risultato. Se tu sarai in grado di ottenerlo, replicando il metodo o personalizzandolo, dipenderà da alcuni fattori: prima di tutto, la capacità di interiorizzarlo (non di capirlo! Quello siamo capaci tutti), di farlo tuo, di renderlo funzionante per te.

Interiorizzare significa che nella tua mente un input proveniente dal mondo esterno diventa effettivamente una tua idea, e questo ti dà l'energia per applicare quell'idea in modo efficace.

La dinamica mentale, con un processo di visualizzazioni, ti

fornisce gli strumenti individuali per essere efficace nell'interiorizzazione dei metodi vincenti. Capire e interiorizzare fa la stessa differenza che guardare il mare o attraversarlo. Se hai capito, stai sulla sponda a guardarlo. Se hai interiorizzato, sei capace di attraversarlo e arrivare alla sponda opposta. Se hai capito, sei stato efficiente. Se hai interiorizzato, sei stato efficace.

Capire e interiorizzare: lo so che stenti a crederlo. La tua mente sta indagando con curiosità e un pizzico di sgomento tutti i casi passati della tua vita in cui hai appreso qualche cosa e ti stai chiedendo quando hai capito e quando hai interiorizzato. E, ovviamente, fai fatica a discernere i due concetti. Guardalo dal punto di vista dei risultati: se quello che hai imparato da una fonte esterna ha prodotto in te un risultato concreto e misurabile, allora hai interiorizzato. Altrimenti, probabilmente hai capito, ma poco o nulla interiorizzato.

La dinamica mentale ci permette di aprire la mente a "fare impresa". Qualsiasi obiettivo ci poniamo e qualsiasi professione noi facciamo, il raggiungimento del nostro target è "fare impresa".

Uno dei processi di dinamica mentale che insegno nei miei corsi, è quello di disegnare con una visualizzazione mentale, il percorso della tua vita, con una linea che viene da sud (il passato) e va verso nord (il futuro).

L'interiorizzazione significa saper leggere il passato (sei sicuro sia così banale?) e saper disegnare il futuro. Sia il passato che il futuro sono delineati tramite tappe successive rappresentate da immagini visualizzate, che contraddistinguono i momenti più importanti, le svolte, ciò che ha costituito in passato e costituirà in futuro i punti nodali della tua vita.

Raccontato così, sembra un cartone animato. Ovviamente è un percorso, anche complesso, ma pensato esattamente per chi vuole "fare impresa", raggiungere un risultato, confrontarsi con un obiettivo. E "fare impresa", relativamente al contenuto di questo libro, è costruire e seguire, con passione e determinazione, una metodologia che permetta di fare trading in modo algoritmico e che ci conduca a un risultato di reddito.

Credimi, è un'impresa complessa. Il primo consiglio che ti do, con il cuore, è: impara la dinamica mentale, sarà ciò che ti permetterà di rispondere a tante domande della tua vita e a impostare un piano per il tuo successo.

Sarà anche ciò che ti permetterà con serenità di rispondere alle domande: voglio fare trading? Voglio fare trading algoritmico? Voglio costruire un reddito con il trading? È veramente ciò che voglio e che sono capace di fare? Me la sento di impegnarmi a fondo, con tutte le mie energie, per questo obiettivo? Sono capace di interiorizzare realmente quello che mi viene illustrato? Sono capace di affrontare lo sconforto che coglie quando avrò da affrontare le difficoltà del "fare impresa" secondo un obiettivo preciso? Riuscirò?

SEGRETO n. 4: acquisire le tecniche di dinamica mentale significa impadronirsi della capacità di "fare impresa".

A che cosa puoi applicare la dinamica mentale?
Sul numero di supplemento dell'ottobre 2016 di *Traders' Magazine*, uscito in occasione della TOL Expo di Borsa Italiana e distribuito gratuitamente ai partecipanti all'evento, a tutti gli iscritti al nostro sito e ai nostri abbonati, ho dedicato la cover

story del numero proprio alla dinamica mentale: leggi l'articolo. Ma, soprattutto, interiorizzalo.

http://magazine.inovafutura.com/TRsupplementoTOLEXPO/even to_ottobre2016.html#24/z

Sul sito di *Traders' Magazine Italia* (www.traders-mag.it), cliccando sulla pagina dello shop, nella categoria dei percorsi formativi certificati trovi il corso "Bene&Benessere": è il mio corso di dinamica mentale. Ci sono la versione digitale, che è un corso completo, e il corso in aula, che è una straordinaria esperienza di approfondimento del corso digitale, con lo sconto speciale riservato agli abbonati a *Traders' Magazine* (a proposito: l'abbonamento digitale costa 63 euro per 10 numeri, e se vuoi fare trading non puoi fare a meno di abbonarti a *Traders'*, così prendi anche lo sconto sul corso). Chi si iscrive al corso in aula riceve automaticamente anche il digitale, ed è la formula migliore.

Credimi: non pentirti di non avere fatto questo passo, perché è un passo necessario. Lo so che ti aspettavi da subito la formula magica per fare trading di successo e fare i soldi installando un software e chiudendo gli occhi: alle formule ci arriveremo, ma non esistono formule magiche: esiste la tua capacità straordinaria di perseguire un obiettivo e raggiungerlo grazie alla tua determinazione, alla tua forza e alla tua energia.

La grande maggioranza dei trader perde, perché non capisce l'importanza di aprire la propria mente al successo nel fare trading: la dinamica mentale ti dà questa possibilità. Questa è la strada giusta. In trentacinque anni di trading non ne ho trovate altre e più efficaci. E sappi che sono in pochi ad essere sopravvissuti per trentacinque anni ai mercati. Sappi anche che il 90% di coloro che stai vedendo oggi promuovere i propri metodi e i propri corsi alle fiere, sui siti internet, nella tua posta elettronica, non lo troverai più non tra trentacinque anni, ma tra cinque, e ce ne saranno altri. E tu, ora, puoi cominciare a capire perché. Guarda il recente passato e ti accorgerai che il tempo di sopravvivenza medio dei migliori è quello. Pensa gli altri…

Tu dove vuoi stare? Nel 95% che ha fallito o nel 5% che tra dieci, quindici, trenta e più anni sarà ancora sui mercati per fare trading? Perché se ci sarai, tra dieci o quindici anni, sarai ricco molto di più di quanto tu non sia oggi, e di tanto, o comunque avrai molto più denaro di ora. Se non sarai in quel 5%, è perché non sarai riuscito; e non riuscire, nel trading, può essere doloroso.

Allora dotati degli strumenti giusti, credici fino in fondo, investi massicciamente su te stesso prima che su qualsiasi tool, strumento, libro. Il primo tool che ti serve è la tua mente, aperta e allenata a raggiungere risultati vincenti. Il primo tool che ti serve sei tu stesso. E la dinamica mentale è ciò che costruisce il tool di te stesso, quello che realmente produce risultati concreti in tutto quello che farai nella tua vita.

SEGRETO n. 5: investi su te stesso con la dinamica mentale. Questo è il tool che ti prepara realmente al successo.

RIEPILOGO DEL CAPITOLO 1:

- SEGRETO n. 1: la mente di ciascuno di noi, per sua stessa natura, nasce inadeguata a fare trading di successo.
- SEGRETO n. 2: se per fare trading basta seguire qualcuno molto esperto che lo fa, perché non provi tagliandoti tu stesso l'appendicite ingrossata?
- SEGRETO n. 3: prima di pensare alla tecnica, per fare trading di successo prepara la tua mente al successo.
- SEGRETO n. 4: acquisire le tecniche di dinamica mentale significa impadronirsi della capacità di "fare impresa".
- SEGRETO n. 5: investi su te stesso con la dinamica mentale. Questo è il tool che ti prepara realmente al successo.

Capitolo 2:
Cinque regole che non puoi non sapere

L'ambiente tossico

C'è un problema di fondo in Italia: il rapporto con il denaro. Siamo un paese risorto dalle rovine di una guerra mondiale, la seconda, e i nostri nonni e padri hanno dovuto guardare a cose molto tangibili e concrete. A valori che poi hanno contribuito a costruire un Paese.

Mio figlio primogenito, Michele, scrittore di libri, trader, ma fondamentalmente filosofo di ambizione, ha sempre detto: "Papà, il denaro non esiste". È sempre stato qualcosa che mi ha irritato pensare. Ma ha ragione lui. Il denaro non esiste: è una convenzione di scambio, il denaro, in natura, non esiste. È una convenzione umana, una invenzione di sana pianta.

Non c'è alcuna correlazione tra l'invenzione umana del denaro e qualche cosa di simile in natura. Se c'è qualche cosa di simile in natura, c'è lo scambio, non il denaro. Noi cerchiamo di convincerci che il denaro sia l'evoluzione "naturale" dello scambio, ma è solo una convinzione imposta, perché non c'è nulla di "naturale" nel denaro.

Il denaro assume spesso una valenza negativa. Questo modo di pensare, in un Paese fondamentalmente intriso di valori cattolici e sostanzialmente improduttivi, ha portato a considerare che solo il denaro acquisito con il sudore della fronte e con il lavoro "onesto" sia lecito. La finanza? Che cosa è la finanza? La borsa? Una cosa sporca... Anzi: sporca, sporca, sporca... Così la definiva anche mio padre, pilota di aerei militari, eroe di guerra e statalista fino al profondo del midollo osseo. E a lui mai ho parlato di trading.

Questo è il primo problema: accanto a te possono esserci persone che accoglieranno in modo per niente favorevole la tua decisione di fare trading, se questa è davvero la tua decisione. E questo è il primo rischio da cui devi guardarti. L'ambiente intorno a te non può essere tossico, men che meno se vuoi raggiungere dei risultati nel trading.

Se non sei perfettamente equilibrato, a posto con te stesso, felice dentro, o se hai fonti di conflittualità intorno a te, risolvi prima di tutto questo problema e non altri.

Se pensi di fare soldi con il trading applicando delle regole che io ti racconterò, insieme a dei metodi che hanno un riscontro scientifico di successo, ebbene, sappilo fin d'ora, non riuscirai a trarne alcun beneficio se l'ambiente intorno a te e dentro di te non sarà coerente con l'accoglimento di quei benefici.

Il denaro non esiste: ricordalo. Il tuo corpo non ha bisogno del denaro, sei tu ad averne bisogno perché c'è una convenzione umana che ti rende dipendente da esso.

SEGRETO n. 1: seleziona spietatamente le persone intorno a te per fare in modo di creare un ambiente sereno per il tuo trading.

Il trading è noioso

Deve esserti chiaro che nel trading c'è un solo obiettivo: il profitto. Non la soddisfazione. Non la gioia di vedere crescere un conto. Non il soddisfacimento di un ego desideroso di gratificazione. Non il divertimento. Non la felicità della tua componente ludica. Non il recupero di perdite passate, se ne hai avute. Tu fai trading perché vuoi ottenere un profitto.

Qualsiasi cosa inventerai o farai esistere tra te e ciò che deve essere il tuo unico obiettivo, cioè tra te e il profitto, sarà catastrofico per il tuo trading.

Se hai avuto perdite in passato perché hai già fatto trading, e stai pensando di leggere questo libro per trovare un metodo per recuperare le perdite, stai già sbagliando tutto.

Il trading è fatto di una serie di attività terribilmente noiose, che devi affrontare in modo totalmente scevro di emozioni. La gioia, la felicità, il dolore, il tuo essere umanamente senziente sono elementi che non esistono nel trading. Stai trattando una materia che di per sé non esiste, che il tuo corpo non vuole, che vuoi solo tu: sto parlando del denaro, che è conseguenza del profitto.

Se tratti una materia che non esiste in natura e che è solo un'invenzione dell'uomo, devi dimenticarti il tuo essere senziente. Esiste solo un'applicazione di pura matematica fredda, distaccata e noiosissima ai mercati. Un algoritmo che non ti dà né gioia, né dolore, né felicità, né alcun altro sentimento. Deve generare un profitto. E tra te e il profitto non c'è e non deve esserci assolutamente nulla.

I trader che alzano le braccia al cielo quando fanno un buon trade prima o poi scompariranno dal mercato. I trader che piangono per una perdita prima o poi scompariranno dal mercato, se non sono già scomparsi a causa di quella perdita.

È tutt'altro che banale considerare il profitto come unico obiettivo del trading. È assolutamente contrario a ciò che la nostra mente ci porta a pensare. Lo trovi difficile da credere? È così.

SEGRETO n. 2: nulla esiste e nulla deve esistere tra te e il profitto, che è l'unico obiettivo del tuo trading.

Devi "coprire una perdita"?
Fare trading per coprire una perdita precedente è quanto di più drammaticamente sbagliato si possa fare. Significa che non si è in pace con se stessi. Che non si è accettata la perdita, che invece va

accolta, digerita, archiviata come prassi normale del trading, come componente impossibile da evitare.

Nessuno può essere già abituato a questo: il denaro non esiste, non è in natura, il contesto intorno a noi ha un'idea del denaro prodotto attraverso il sudore della fronte, e questa idea ci è stata trasmessa da tale contesto. Perfino Dio ammonì Adamo: lavorerai con il sudore della fronte, a significare quanto è radicato il concetto nella nostra cultura, è un vero archetipo, e lavoro è associato nella nostra testa a retribuzione, a compenso, a denaro. Non possiamo essere addestrati, per nostra stessa natura e nostro stesso vissuto, ad accettare la perdita di denaro come normalità. Invece, nel trading, una parte delle operazioni è normalmente in perdita e questo va accettato. Saper perdere è l'unico modo, anzi, l'unica possibilità, per fare trading di successo.

SEGRETO n. 3: nel trading, imparare a perdere è l'unico modo per imparare a vincere.

Tenere il segreto

Per raggiungere un risultato, occorre energia. Energia concentrata verso l'obiettivo. Quando hai un progetto, c'è un solo modo per tenere l'energia concentrata verso l'obiettivo: non disperderla con contatti relazionali inutili, che genereranno solo tossine relazionali e conseguente dispersione di energia.

La dinamica mentale ti aiuta a capire questo fenomeno: se hai un progetto, tienilo il più possibile **segreto**. Non parlarne a nessuno. Stai concentrato verso l'obiettivo, sei tu e basta, sei tu che devi raggiungere quel goal, non ci sono altri se non tu. Se sei abituato a condividere con qualcuno ciò che fai, se proprio non ne vuoi fare a meno, parlane solo ed esclusivamente con chi realmente può aiutarti, sostenerti e non condizionarti.

Il segreto è ciò che potenzia la tua capacità energetica verso l'obiettivo. Il segreto è ciò che ti concentra realmente. Facendo dinamica mentale centuplicherai la tua energia e la tua forza, se saprai essere costante nell'esercitarla. Non sarai mai solo, perché parlerai con te stesso, con il tuo io, con tutti i personaggi del tuo mondo di dinamica mentale che creerai visualizzandoli. Perché la dinamica mentale "crea" un tuo mondo fatto di visualizzazioni, questa è la tua fonte di energia: la tua mente, e non altro, è ciò che occorre per realizzare il progetto.

Il segreto è l'arma vincente per raggiungere risultati. Comunicare agli altri il proprio obiettivo, se non a persone fidatissime e che ci sostengono emotivamente senza esprimere giudizi, significa crearsi un vento contrario fatto di tossine relazionali. Che tu lo voglia o no, ogni cinque persone che incontri, una sarebbe stato meglio che non l'avessi mai incontrata. Un'altra di quelle cinque non è nociva ma è inutile. Un'altra di quelle cinque, per portarla dalla tua parte devi fare un percorso in salita, che è perfettamente inutile fare, è come combattere con i mulini a vento.

Solo due persone su cinque possono esserti realmente utili, e comunque non è detto che lo siano. La dinamica mentale, nei miei corsi, ti insegna questo. Io la chiamo la tecnica di Comprensione del Grande Carro dell'Umanità. Quel Grande Carro impara a capirlo, a interpretarlo, a interiorizzarlo. Avrai una visione chiara delle persone che sono tue vere alleate e delle persone per te inutili o dannose.

Non perdere tempo ed energie con le persone inutili o dannose.

Non serve, ti fai del male. Creati pochi, semplici, formidabili alleati. Se comunichi loro il segreto di un progetto, faglielo sapere. È il segreto di un progetto. Se non lo fai, ancora meglio.

SEGRETO n. 4: tieni segreto il tuo progetto e identifica solo pochissimi a cui rivelarlo, o non rivelarlo affatto.

Rivoluziona i tuoi schemi mentali

Se sei un neofita del trading; se hai già fatto trading e non hai avuto buoni risultati; se hai già fatto trading e hai avuto risultati incostanti e incerti; se sei un trader esperto e profittevole, ma disponibile a imparare ancora; se sei un investitore che desidera orientarsi a sviluppare una parte del proprio capitale attraverso il trading. Non importa quello che sei.

Per fare trading ti serve anzitutto pace con te stesso. Pace con l'ambiente che ti circonda. Pace interiore ed esteriore. Pace. Capacità di concentrazione. Calma. Autodisciplina. Un rapporto con il denaro completamente rivoluzionato rispetto a quello a cui sei abituato. Capacità di mantenere il controllo di sé, di essere sempre freddo, distaccato, lucido. Consapevolezza totale che il denaro non esiste, che il tuo corpo e la tua mente, semplicemente, non ne hanno bisogno, non lo cercano proprio, non lo vogliono, non sanno che farsene: sei tu ad averne un innaturale bisogno perché sei immerso in un contesto umano che così ha stabilito.

Salvo che tu non abbia già fatto percorsi appositi, è di fatto impossibile che tu sia esattamente quello che ho descritto sopra. È impossibile perché nel mondo in cui viviamo il denaro è cosa diversa da quella con cui dobbiamo trattare nel trading, perché la finanza e il trading in modo particolare sono percepiti in modo distorto, perché non è possibile che si consideri normale perdere denaro, perché se sei quello che ho descritto sopra sei già trader professionista e forse questo libro lo leggi per gioco, per vedere che cosa mi sono inventato.

Se non sei trader professionista e quello che ho scritto ti stupisce un poco, se ti stupisce che io ti dica che devi imparare a perdere denaro perché è l'unico modo per guadagnarlo, allora hai bisogno prima di tutto di chiedere a te stesso se te la senti di affrontare la sfida, perché di questo si tratta. È una sfida con te stesso che, se vinta, può darti grandi soddisfazioni, perché migliora la tua vita.

Però è una sfida molto impegnativa. Devi impegnarti a fondo, partire con la mente sgombra, senza preconcetti, anzi con la consapevolezza che affronterai molta sofferenza interiore, come in tutte le sfide.

SEGRETO n. 5: per fare trading di successo, sii pronto a rivoluzionare tutti i tuoi schemi mentali. È una sfida importante.

RIEPILOGO DEL CAPITOLO 2:

- SEGRETO n. 1: seleziona spietatamente le persone intorno a te per fare in modo di creare un ambiente sereno per il tuo trading.

- SEGRETO n. 2: nulla esiste e nulla deve esistere tra te e il profitto, che è l'unico obiettivo del tuo trading.

- SEGRETO n. 3: nel trading, imparare a perdere è l'unico modo per imparare a vincere.

- SEGRETO n. 4: tieni segreto il tuo progetto e identifica solo pochissimi a cui rivelarlo, o non rivelarlo affatto.

- SEGRETO n. 5: per fare trading di successo, sii pronto a rivoluzionare tutti i tuoi schemi mentali. È una sfida importante.

Capitolo 3:
Perché algoritmico?

Trading manuale

Qui veniamo a un argomento veramente strategico.

Non ne avevo bisogno, perché l'esperienza precedente mi era sufficiente. Ma l'essere editore di *Traders' Magazine*, avere il privilegio di poter leggere qualche decina, e, talvolta, nei momenti di punta, centinaia di email ogni giorno, che il mio Customer care evade per soddisfare le richieste dei nostri lettori, dei nostri clienti e dei fruitori dei nostri prodotti, permette di avere uno spaccato molto preciso delle esigenze e delle necessità, espresse e inespresse, del pubblico interessato al mondo del trading e dell'investment.

Anzitutto: ricordati dell'appendicite.

Fare trading manualmente è evidentemente possibile ed è normalmente quello che fa la stragrande maggioranza dei trader, specie quando inizia.

Il trading manuale richiede in genere molto impegno e talvolta uno stress rilevante. Se fai trading manuale, devi assoggettarti ad una disciplina non comune, tutt'altro che facile da seguire. Non che fare trading algoritmico, come vedremo, sia una passeggiata. Ma il trading algoritmico non ti obbliga a una presenza più o meno costante davanti al video. E questo non è poco.

Fare trading manualmente significa comunque seguire un metodo: il sogno di molti è che seguire il metodo sia conoscere il pattern grafico vincente. **Sbagliato**. Se ti insegno un pattern grafico con cui io guadagno dei soldi, e non ti spiego altro, tu perdi. Ricordi l'appendicite? Perché non ti fai spiegare dal chirurgo come taglia la tua appendicite e poi lo fai tu? Ti assicuro, lui te lo spiega bene, con tutti i dettagli: ti spiega il pattern grafico in modo perfetto. Allora, perché, non ti tagli tu stesso l'appendicite?

In realtà, il tuo chirurgo taglia, sì, appendiciti, ma ha una cultura complessiva del suo lavoro che gli permette di tagliare appendiciti con sicurezza e forte della sua conoscenza, che tu non hai. Allora, perché pretendere di conoscere il pattern grafico e fare trading di successo, convinti che la replica bovina di quello che fa l'esperto sia la strada giusta?

Quando avrai il coraggio di tagliarti l'appendicite per tuo conto, allora vieni che ne riparliamo. Fino ad allora, dammi ascolto: fare trading manualmente non significa conoscere i pattern vincenti e basta.

SEGRETO n. 1: conoscere il pattern grafico è una componente (forse) necessaria ma (certo) non sufficiente per un trading di successo.

Trading manuale sistematico

Nella realtà fare trading manualmente, a seconda, ovviamente, del metodo utilizzato, significa di fatto riprodurre un algoritmo statisticamente validato. Cioè, a meno che tu non voglia suicidare il tuo conto, significa conoscere una metodologia completa e complessa, che qualcuno si è impegnato ad applicare nel passato e che, sempre nel passato, ha dato buoni risultati.

Dal 2009 al 2012 ho diffuso in giro per l'Italia e la Svizzera un metodo di trading, assolutamente algoritmico, basato sul disegno di un rettangolo sul grafico (se cerchi su internet il "Rectangle" di

41

Maurizio Monti, trovi sicuramente ancora qualcosa). Il metodo era in funzione dal 2002, e quindi aveva un'anzianità di servizio di tutto rispetto. Il metodo era replicabile manualmente, a patto di stare davanti al video alle 9 e alle 10 del mattino, e poi alle 19 della sera.

Ora, quel metodo poteva essere usato manualmente con qualche approssimazione rispetto al metodo completamente automatico, che era molto più preciso sugli ingressi: quando parliamo di pedissequa applicazione di precisione matematica ci sono infatti alcune operazioni che i computer fanno meglio degli uomini. Io lo illustravo, proprio perché le platee vogliono i pattern, e io spiegavo appunto i pattern con cui era stato costruito il sistema.

SEGRETO n. 2: alcuni sistemi automatici di trading possono essere riprodotti a mano, a patto di essere disciplinatissimi e di avere tempo a disposizione per seguirli.

Trading algoritmico: il robot trading

Ora: perché devo essere obbligato a stare davanti al video puntualmente alle 9, alle 10 e alle 19, quando un sistema automatico può farlo per me? Perché devo riprodurre a mano ciò che una macchina può fare con minore sforzo?

Perché non dedicare il tempo, e quando lo voglio io per di più, ad attività che effettivamente richiedono lo sforzo del mio intelletto, invece che applicarmi a operazioni ripetitive e noiose, fatte sempre nello stesso modo, solo perché quello è il modo che statisticamente, in passato, ha portato risultati? Perché farsi del male così?

Se svolgi una qualunque attività, ben difficilmente riuscirai a stare davanti al video **ogni giorno** per alcuni minuti, alle 9, alle 10 e alle 19. Perché se non ci sarai ogni giorno, la tua indisciplina ti punirà: nella grande casualità dei mercati, salterai operazioni che sarebbero potute essere vincenti prendendo solo le perdenti, perché, udite udite, spesso in un sistema le operazioni perdenti sono più delle vincenti, semplicemente quando le vincenti hanno un valore monetario unitario multiplo delle perdenti.

Quindi: grande disciplina, tempo perso, stress, noia. Ma perché? Una macchina può fare tutto questo, senza che dobbiamo sforzarci di farlo noi.

SEGRETO n. 3: il trading algoritmico, o robot trading, permette la sistematicità necessaria ad avere buoni risultati, senza incidere in modo pesante sulla vita personale.

L'obiezione: il discrezionale puro

"Lei ha descritto un sistema che si basa su pattern che hanno una componente oraria. Io invece faccio trading completamente discrezionale, quindi mi metto al computer quando voglio e posso, e faccio, trading quando mi pare."

Bene: fare così equivale a suicidare il proprio conto, scegliendo se farlo lentamente o velocemente applicando, magari, una leva più alta.

Per suicidare il conto con tranquillità basta fare il trading completamente discrezionale, che è quello che dice: il mercato va su? Allora vado long, compro. Va giù? Allora vado short, vendo. Semplice, no? Mica ci vuole altro per fare trading: si tratta di mettersi al rialzo o al ribasso, e quando vedo il mercato andare su significa che vado al rialzo, se viene giù vado al ribasso. Così mi metto al computer quando voglio e faccio trading negli orari che preferisco.

Poi, i più evoluti tra i lettori di questo libro potranno dire: sì, ma io uso gli indicatori, l'ichimoku, la banda di Bollinger, la media mobile, l'impiccio prensile... Allora: se fai trading completamente discrezionale, significa che parli con gli angeli. Alcuni grandi trader italiani e internazionali in via di estinzione parlano con gli angeli e fanno i soldi così. Ma sono quelli che 1) stanno scomparendo oppure 2) sono già scomparsi. Gli angeli, ultimamente, sono diventati molto selettivi e tendono a stare zitti. Anche loro devono essersi resi conto che i mercati sono diventati estremamente complessi.

Se pretendi di fare trading "quando puoi", lascia perdere. Non puoi fare trading quando ti va. Nessuna attività può funzionare così. Prova a chiedere al tuo avvocato se va in tribunale quando gli va. Prova a chiedere al solito chirurgo se taglia appendiciti quando gli va. Prova a immaginare un imprenditore che segue la sua impresa quando gli va.

Una certa industria finanziaria ha venduto l'immagine del trader che si mette al computer quando ha voglia, guadagna 500-1000 euro e poi va a spasso finché non gli torna la voglia. Non era così neanche negli anni Ottanta che, quelli sì, erano anni dove tutto era più facile.

Fare trading è una professione: magari part-time, ma una professione, e come tale va organizzata. Non avvicinarti al trading se non pensando che è una professione di cui devi acquisire i rudimenti e diventare esperto. Magari gradualmente, ma esperto. In quanto professione, non permette di non esserci quando è necessario, e di non avere una disciplina rigorosa nel seguirlo. Può convivere con altre attività, ma non significa che può essere marginalizzato a quando se ne ha voglia.

SEGRETO n. 4: il trading è una professione, il trading discrezionale una forma velata di suicidio del proprio conto.

Trading algoritmico come scelta precisa
Su internet, o sul canale Youtube di *Traders' Magazine*, troverai alcuni miei video dove spiego tecniche di trading. Troverai anche

dei video molto belli di altri nostri autori, che illustrano tecniche di trading veramente interessanti ed efficaci.

Se sfogli la rivista *Traders'*, in ogni numero trovi normalmente almeno due strategie di trading pubblicate dai migliori trader del mondo. La caratteristica di *Traders'* è che ci scrivono i trader, non i giornalisti, scrive chi i mercati li conosce davvero. Sono strategie valide, se applicate professionalmente, con costanza, conoscendo ciò di cui si parla e applicando rigorosamente e sempre lo stesso metodo: per questo si parla di strategia di trading, perché è ripetitiva.

E allora. Se è ripetitiva ed è basata su una condizione che si verifica e che io devo cogliere, facendo attenzione al computer, stando davanti al video, replicando operazioni manualmente, sempre le stesse, nelle medesime condizioni, facendo ossessiva attenzione, occupando il mio tempo fino alla noia estrema… ma chi me lo fa fare? Perché non delegarle a un sistema automatico?

Troverai, nel materiale che io diffondo su internet, la citazione continua di un sistema di trading denominato Experience. Bene, Experience è un metodo che permette un vantaggio statistico nell'applicazione di un pattern grafico che si verifica su tutti i mercati.

La potenza del sistema è che è multi-mercato e multi-time frame, cioè si applica indistintamente a tutti gli strumenti finanziari, in qualsiasi time frame grafico si utilizzi. Meraviglioso, no? Ebbene: io lo spiego in pubblico, e riscuoto molto interesse. Alcuni, mi dicono, hanno provato ad applicarlo, anche con successo, replicando il metodo derivato dalle mie spiegazioni. Ma Experience, in realtà, è un metodo che mi ha permesso di generare tanti sistemi di trading algoritmico, perché sul suo modello si possono creare decine di algoritmi diversi statisticamente validi.

Experience è il sogno di ogni trader discrezionale. Posso mettermi al computer a qualsiasi ora del giorno e della notte, esaminare i grafici di tanti strumenti finanziari e, nell'arco di un tempo che varia da pochi minuti a una mezz'ora, con ogni probabilità, trovare una condizione che mi permette di inserire l'operazione. Così oggi trovo una condizione sul Dax, domani sull'Eurostoxx, dopodomani su un'azione del FtseMib, poi su una valuta, sull'Eurodollaro, oppure sul Dollaro australiano.

Bene: facendo così, non è detto che non si riesca a guadagnare (il metodo è di altissima qualità e ha un vantaggio statistico molto rilevante). Semplicemente si sta trasformando tutto in una lotteria, perché prenderai le operazioni in sequenza casuale e quindi, probabilmente, se sei fortunato prenderai quelle che si chiudono in utile, ma se sei sfortunato prenderai quelle in perdita. Perché Experience si appoggia su una statistica, ma la statistica tiene conto di tutte le operazioni possibili che si verificano, e non solo su quelle che casualmente andrai a prendere nei giorni o momenti che ti dedichi al trading. Non è questo il modo di fare trading. Il trading non è una lotteria.

Se, invece, scegli due-tre grafici di altrettanti strumenti, poniamo UsdChf, GbpUsd e GbpJpy, scegli un time frame che ti aggrada, poniamo il 15 minuti, ti posizioni davanti al video alle 7 del mattino circa e lavori per otto o nove ore con attenzione, prendendo **tutte** le operazioni che Experience ti suggerisce, allora è molto, molto probabile che farai dei bei soldi.

Sempre su internet, sul canale Youtube di *Traders' Magazine* e di Algoritmica.pro, c'è il video della mia presentazione al convegno annuale di Algoritmica del maggio del 2016, dove ho illustrato i risultati di Experience applicati su un castelletto di valute in modo sistematico con sette ore al giorno di lavoro costante, e ho fatto vedere un conto che ha raddoppiato la sua consistenza in tre mesi.

Sì: capisci bene che quelle sette ore al giorno (che ci siamo divisi a turno io e alcuni miei collaboratori, per presentare al convegno qualche cosa di utile e interessante, e solo per quello, perché ci saremmo volentieri risparmiati la fatica), sono di fatto una professione. Non solo, l'applicazione del metodo è stata fatta da professionisti esperti, da trader allenati: un neofita avrebbe avuto comunque bisogno di un durissimo allenamento per raggiungere quel risultato.

E allora, torno a dire: chi me lo fa fare quando ci sono le macchine e i software che possono farlo anche meglio?

Il trading algoritmico richiede un minimo sforzo di approccio tecnologico, per il quale avrai la totale assistenza di chi ti fornirà gli strumenti opportuni. Superata la barriera di approccio tecnologico, il tuo onere sarà quello di verificare periodicamente il buon funzionamento del sistema e la sussistenza dei parametri di rischio entro cui il sistema deve funzionare.

E impareremo presto a farlo. Può significare alcuni minuti al giorno, intendo dieci, quindici o trenta, in questo caso veramente quando vuoi, per verificare che il sistema sia in funzione. Può significare, poi, un quarto d'ora o mezz'ora alla settimana, anche nel weekend, per verificare dai report i risultati e la coerenza del sistema rispetto alle aspettative. Infine un'ora di lavoro, forse due, anche nel weekend, quando si devono installare degli aggiornamenti.

È paragonabile allo sforzo di un trading manuale?

SEGRETO n. 5: il trading è la vita, ma il robot trading è la scelta giusta per la vita.

RIEPILOGO DEL CAPITOLO 3:

- SEGRETO n. 1: conoscere il pattern grafico è una componente (forse) necessaria ma (certo) non sufficiente per un trading di successo.

- SEGRETO n. 2: alcuni sistemi automatici di trading possono essere riprodotti a mano, a patto di essere disciplinatissimi e di avere tempo a disposizione.

- SEGRETO n. 3: il trading algoritmico, o robot trading, permette la sistematicità necessaria ad avere buoni risultati, senza incidere in modo pesante sulla vita personale.

- SEGRETO n. 4: il trading è una professione, il trading algoritmico una forma velata di suicidio del proprio conto.

- SEGRETO n. 5: il trading è la vita, ma il robot trading è la scelta giusta per la vita.

Capitolo 4:
Sai ritagliarti la professione di trader?

Chi sa, fa, chi non sa, insegna

Per favore, via dalla testa questo pensiero: nella sua avvincente banalità è così diffuso che può influenzarti.

C'è un modello mentale distorto, nel paese chiamato Italia, legato alla percezione del denaro. Sul denaro, che come ricorderai secondo la mia accezione non esiste ed è una convenzione umana contro natura, si sono accentrate curiose forme di attenzione morbosa, esaltate dall'associazione del denaro al peccato. La morbosità ha portato a ipotizzare sempre, dove viene creata ricchezza, l'esistenza di una dietrologia.

Quindi, l'assunto è: se uno fa trading, gli basta di suo quello che ha, senza necessità di dover fare altro. Come se creare attività di impresa, come ho fatto io per tutta la vita, fosse una contraddizione rispetto a fare trading, che io considero e ho sempre considerato a tutti gli effetti un'attività di impresa.

Un po' come dire che evidentemente a Benetton, siccome ha comprato prima Autogrill e poi Autostrade, non andavano bene gli affari vendendo magliette. O che l'inventore di Paypal abbia creato qualche cosa di così inutile e poco profittevole (Paypal!) da doversi inventare poi un impero sulle macchine elettriche chiamato Tesla (che capitalizza al Nasdaq, oggi, più della General Motors).

La realtà è che il mondo è pieno di "consulenti" degli imprenditori e di gente che non ha mai combinato e concluso nulla. Invece gli imprenditori, quelli veri, agiscono, e per di più senza bisogno di nessuno che non sia sostituibile. Quindi: chi sa fare qualche cosa ed è in buona fede può decidere di insegnare e diffondere ciò che sa fare. Semplicemente perché gli va di farlo.

E tu, se vuoi fare trading, devi ragionare da imprenditore, anzi, *sei* un imprenditore.

Perché ho precisato questo? Perché io ho un solo obiettivo, con questo libro: diffondere cultura. E in questo caso aiutare voi ad approcciare la forma più efficace di trading che io conosca, che è il trading algoritmico o robot trading che dir si voglia.

Io sono venditore di questi prodotti: dal corso di dinamica mentale (che molti di voi non accetteranno di fare perché frenati dal proprio io, messo in massimo allarme dall'essere scoperto nelle sue debolezze), ai software per il trading algoritmico, alla rivista che li supporta. Io certamente voglio vendere questi prodotti, perché ritengo siano validi e utili per chi vuole seguirmi. Ma prima di tutto vorrei diffondere cultura.

SEGRETO n. 1: via dalla testa gli stereotipi negativi su chi insegna e su chi sa fare. Contano i fatti.

Qualche nozione di base sul trading

Nel trading, il profitto o la perdita su una singola operazione è determinato dalla differenza tra prezzo di acquisto e prezzo di vendita. La buona notizia è che è possibile guadagnare puntando sia al rialzo che al ribasso: quando in un'operazione si punta al rialzo, allora si lancia un'operazione di acquisto (operazione *long*), e si guadagna vendendo a un prezzo più alto.

Quando l'operazione punta al ribasso, allora si lancia

un'operazione di vendita (operazione *short*), e si guadagna riacquistando a un prezzo più basso. La nostra mente è abituata a considerare di poter vendere solo ciò che abbiamo. Nel trading, possiamo vendere ciò che non abbiamo, riacquistandolo dopo a un prezzo più basso e quindi più favorevole.

Si può operare con il trading su diversi mercati e con diversi strumenti: azioni, futures, opzioni, valute, CFD, certificati, ETF, ETP e altri che tralascio in questa sede. Troverai facilmente, senza alcun bisogno che te le indichi, fonti per documentarti ovunque sugli altri possibili prodotti finanziari; non sarebbe comunque interessante approfondire ai fini che ci proponiamo con questo libro.

Peraltro, l'iscrizione gratuita al sito di *Traders' Magazine* www.traders-mag.it permette di porre al nostro servizio clienti qualunque tipo di quesito via email (info@traders-mag.it), via telefono allo 02 30332800, via chat sulla home page del sito, e permette di accedere a tanto materiale formativo gratuito.

Quando si fa trading, si utilizzano grafici che rappresentano l'andamento dei prezzi. I grafici utilizzati per l'attività di trading sono normalmente basati su barre o candele giapponesi: ciascuna barra o candela giapponese rappresenta un determinato *time frame*, un segmento di tempo (1 minuto, 5 minuti, 15 minuti, 1 giorno, 1 settimana) del quale vengono mostrati i valori di apertura, chiusura, minimo e massimo. Quando si parla di *scelta del time frame* significa, appunto, che nel grafico si sceglie se far rappresentare alle barre o candele unità di 1 minuto oppure di 5, di 15 minuti o di 1 giorno.

Su numerose fonti internet troverai la possibilità di rappresentare grafici scegliendo il sottostante (lo strumento finanziario) e il time frame desiderato o la modalità (in barre o candele giapponesi).

Sulle valute, su cui punteremo la nostra attenzione ora, trovi molti siti di questo genere. Usa ad esempio www.fxstreet.com, e nella voce "Rates & charts" avrai la possibilità di farti un'idea, se sei neofita dell'argomento, di che cosa sia il grafico di una valuta.

L'abbonamento a *Traders' Magazine* ti permetterà di avere ogni mese, con un investimento molto contenuto, il meglio della cultura mondiale del trading. E la semplice iscrizione gratuita ti darà modo di accedere a tanto materiale utile per la tua formazione.

Costruire la tua cultura di trading è essenziale per esercitare la professione di trader. Ricordati dell'appendicite.

Il Forex

Per fare trading occorre un computer connesso a internet su cui si utilizzerà una piattaforma generalmente messa a disposizione da un broker, nella quale si inseriscono in modo manuale o automatico (come nel nostro caso) delle operazioni di compravendita di strumenti finanziari.

Le operazioni prevedono un *obiettivo di profitto* (un target da raggiungere) e uno *stop loss* (la perdita massima pianificata nell'operazione).

Quando si inserisce un'operazione di negoziazione di valute sul mercato Forex, si compra e si vende contemporaneamente qualche cosa. Se compro l'EurUsd (significa che punto a un apprezzamento, a un rialzo quindi, dell'Euro contro il Dollaro), in realtà compro euro e vendo dollari. Se vendo l'EurUsd vendo euro e compro dollari.

Quindi: compro o vendo la prima valuta della coppia, e automaticamente faccio l'inverso sulla seconda valuta della coppia.

Ma l'EurUsd, come qualsiasi altra coppia di valute, è uno strumento finanziario come un altro, dove l'operazione di trading è comunque un acquisto (posizione long) o una vendita (posizione short) a un determinato prezzo. Quando chiuderò l'operazione, venderò la posizione acquistata o riacquisterò quella venduta, e la differenza dei prezzi di apertura e chiusura dell'operazione determinerà il mio profitto o la mia perdita.

Il computo di utili o perdite, generalmente, avviene in *pip*. Il pip è costituito dalla quarta cifra decimale dopo la virgola nelle valute trattate normalmente, a esclusione dello Yen, e dalla seconda cifra decimale dopo la virgola nelle valute contro Yen. Escludo da queste valutazioni le valute cosiddette esotiche, che non interessano al momento questa trattazione.

Quando si fa trading sul Forex, il broker mette a disposizione una leva finanziaria, che dà origine a una *marginazione di garanzia*: significa che viene prelevata dal conto di trading e resa indisponibile una somma pari a una frazione dell'importo dell'operazione.

Operare, ad esempio, con leva 100, significa che per fare trading su un'operazione di 10.000 EurUsd (se in acquisto o vendita non importa), il broker renderà indisponibile per tutta la durata dell'operazione la somma di 100 dollari, consentendo di operare effettivamente su un importo pari a 100 volte la somma bloccata.

Ovviamente il conto subirà l'oscillazione del valore reale del profitto o della perdita in tempo reale: significa, quindi, che per ogni pip (quarta cifra decimale del prezzo) di variazione avremo la variazione effettiva di 1 dollaro sul nostro conto per ogni 10.000 EurUsd negoziati: essendo un pip la quarta cifra decimale dell'EurUsd, 10.000 EurUsd muovono 1 dollaro per ogni pip.

Se l'operazione andrà a buon fine, andremo a target profit con un dollaro in più sul conto per ogni pip di target profit e per ogni

10.000 EurUsd negoziati.

Viceversa, se l'operazione si chiuderà in perdita, avremo sul conto un dollaro in meno per ogni pip di perdita e per ogni 10.000 EurUsd negoziati. In ogni caso, alla fine dell'operazione, il broker ci restituirà la somma bloccata temporaneamente come margine di garanzia sull'operazione.

La piattaforma Metatrader

Metatrader è di gran lunga la più diffusa piattaforma per fare trading sul Forex o sui CFD. Utilizzata da un enorme numero di broker in tutto il mondo, è stata spesso la prima (e spesso l'unica) piattaforma di trading utilizzata.

Il successo è dovuto, senza dubbio, alla semplicità spartana con cui è costruita, che la rende facilmente utilizzabile con tempi di formazione (e spesso auto-formazione) molto ridotti. Metatrader permette di fare trading manuale e permette, come nel nostro caso, di ospitare software sviluppati nel linguaggio MQL4, denominati Expert Advisor (EA). L'installazione degli EA è facilitata da istruzioni date dal produttore di ogni EA.

Gli EA diffusi in Italia dall'Istituto Svizzero della Borsa, che io dirigo, tramite la struttura commerciale di *Traders' Magazine*, sono tutti corredati di video formativo e manuale di istruzioni. La percentuale di insuccesso nell'installazione da parte dei nostri clienti, con conseguente richiesta di assistenza, è pari praticamente a zero o quasi: a significare che un EA, con le dovute informazioni di corredo, può essere installato e poi utilizzato molto facilmente.

Come vedremo, quello che va tenuto in altissima considerazione, invece, sono le caratteristiche dell'EA, che impareremo presto a discernere.

La Piattaforma ProRealTime

L'Istituto Svizzero della Borsa ha sviluppato sistemi anche su piattaforma ProRealTime, piattaforma esteticamente molto più bella di Metatrader, ma meno utilizzata in Italia e nel mondo. *Traders' Magazine* commercializza in Italia, per conto dell'Istituto, codici di software per trading automatico per questa piattaforma, alcuni dei quali molto pregevoli e profittevoli. Anche in questo caso, per valutarli in modo opportuno, sono determinanti le caratteristiche con le quali sono sviluppati i codici.

Il broker per il Forex e i CFD che meglio rappresenta la piattaforma ProRealTime in Italia è senza dubbio IG. Non hanno bisogno certamente della mia pubblicità e quello che dico è quello che penso.

SEGRETO n. 2: costruisci la tua personale cultura di trading: questo ti porta al trading di successo.

I costi dell'attività di trading

Come ogni attività di impresa, per conseguire ricavi è necessario sopportare i costi. Parleremo dei costi ipotetici di un'attività basata sulle tecniche e sugli strumenti consigliati in questo libro.

Scegliendo il trading algoritmico è assolutamente opportuno dotarsi di una macchina virtuale remota (VPS), noleggiabile con facilità da molti provider. Alcuni offrono anche periodi di uso gratuito o a costo molto basso.

Sul sito di *Traders' Magazine* trovate il suggerimento di uno specifico provider sulle cui macchine sono stati testati i risultati dei codici sviluppati dall'Istituto Svizzero della Borsa. Non è il meno costoso: semplicemente è quello che ci ha dato l'affidabilità storica maggiore.

Se non vuoi usare una VPS (esistono curiose forme di resistenza all'uso di questo strumento), devi usare un computer sostanzialmente dedicato, con un'ottima connessione internet, sempre acceso e non soggetto a cadute di corrente o a interruzioni della connessione.

Noleggiata la VPS, oppure reso disponibile il computer da utilizzare, si installa la piattaforma di trading, fornita dal broker. Parliamo più avanti di scelta della piattaforma e di scelta del broker.

Ma qui parliamo intanto dei costi del broker. Generalmente, le piattaforme da noi consigliate non hanno costi di noleggio e vengono fornite gratuitamente dai broker.

Il broker si fa invece pagare da te in due modi:

1) Con gli spread applicati alla negoziazione: significa che c'è un diverso prezzo applicato se l'operazione è in acquisto o

è in vendita, e la differenza tra questi due prezzi costituisce l'utile del broker, che realizza un profitto su ogni tua operazione indipendentemente dal fatto che questa ti abbia generato un profitto oppure una perdita.

2)   Con le commissioni: molti broker non le applicano e caricano qualcosa in più sugli spread, alcuni le applicano rendendo gli spread più convenienti.

La scelta del broker deve essere fatta, quindi, tenendo anche conto dei costi di cui sopra. La competitività del broker prescelto può determinare una differenza significativa nei profitti di trading ed è una scelta strategica fondamentale. Ovviamente non va tenuto conto solo degli spread e delle eventuali commissioni applicate, ma anche di altri fattori, come verrà spiegato più avanti, ma questi elementi toccano da vicino il bilancio economico e il risultato operativo, e vanno quindi considerati dando loro il peso adeguato.

I broker

Sono migliaia. Sul sito di *Traders' Magazine*, tramite il servizio

MAURIZIO MONTI – ROBOT TRADING

clienti, riceviamo ogni giorno richieste di informazioni sull'affidabilità del broker che il nostro lettore ha intenzione di scegliere. Penso, anzi sono sicuro, che abbiamo più richieste noi di Consob.

Consigliamo di fare un'analisi molto lucida e serena sui costi degli spread e delle commissioni. I broker che operano in Italia, con desk in italiano, sono molti. Senza alcuna pretesa di considerare esaustivo l'elenco teniamo in elevata considerazione IG, ActivTrades, CMC, ForexTime, FxPRO, FXCM, ICMarkets, Swissquote: su questi broker i nostri sistemi sono stati testati con buoni risultati. Su ForexTime i test condotti sono stati massicci e molto significativi, perché abbiamo rilevato un'assoluta trasparenza di risultato tra conto demo e conto reale, elemento che interessa forse più noi come produttori che gli utilizzatori finali; ma anche gli altri se la sono cavata bene. Questo non significa che non ci siano altri degnissimi broker su cui poter utilizzare i nostri sistemi.

Come al solito, il servizio clienti di *Traders' Magazine*, con la semplice iscrizione gratuita, offre risposte e consulenze su possibili quesiti in merito ai broker, ovviamente per quanto sia possibile conoscere da dati ufficiali o esperienze certe del passato.

SEGRETO n. 3: utilizza i conti demo per provare senza rischi, non è tempo perso se alla fine ti servirà a scegliere il broker giusto.

Come si approccia un sistema algoritmico: cosa NON fare

L'illusione molto frequente è quella di voler rappresentare tramite un algoritmo un proprio modello di trading, ritenuto vincente. Se vuoi farlo, accomodati. Impara a programmare oppure trova un programmatore in cui senti di avere fiducia. Poi comincia a sviluppare o far sviluppare il tuo codice, dando le istruzioni del tuo modello di trading.

Poi, una volta sviluppato, tolti gli errori macroscopici, comincerai a testare il tuo sistema nel passato. Ti accorgerai, con tutta probabilità, che al primo tentativo il sistema è semplicemente un disastro, malgrado tu fossi assolutamente certo che il tuo modello fosse *perfetto*: allora comincerai a migliorarlo, aggiungendo indicatori, ottimizzando il sistema, ovvero identificando i parametri *perfetti* per farlo operare… prima o poi capirai di essere in un ginepraio e molto probabilmente rinuncerai ad andare avanti.

Troverai anche molti alibi: non avevi tempo a sufficienza, il programmatore non era all'altezza, l'idea era buona ma il programmatore non era in grado di realizzarla, hai provato a programmare tu stesso ma richiedeva più strumenti di quelli di cui disponi...

In realtà, semplicemente, malgrado i molti corsi di programmazione che avrai nel frattempo frequentato (perché "con i programmatori è difficile andare d'accordo") spendendo, come è giusto per chi li tiene, molte migliaia di euro, a un certo punto ti sarai accorto che se gli insegnanti erano quelli buoni hai, sì, imparato qualcosa, ma che alla fine non è per niente facile saper programmare un codice senza avere tutto il bagaglio a disposizione per renderlo funzionante, efficace, testato, inseribile in un portafoglio di sistemi, ottimizzato ma non troppo, affidabile e profittevole, in definitiva *perfetto*. E che, forse, quella non è la strada più giusta da seguire.

Voglio essere chiaro: ci sono fior di professionisti, che io conosco e stimo profondamente, che insegnano l'arte e la scienza della programmazione di trading system e il modo di renderla profittevole. Se vuoi seguire quella strada, ok, come dicevo prima: accomodati.

Aggiungerai alla tua voglia di fare del trading una professione la necessità, propedeutica, di fare della programmazione di trading system una professione. E non è che questo sia sbagliato in sé, tutt'altro. Semplicemente: perché farlo, se il mercato è pieno di sistemi di trading, e quello che c'è da fare è solo esaminarli e sceglierli?

Quando compri un'auto, ti viene voglia di diventare la Mercedes, la BMW, la Skoda o la Fiat Chrysler? Quando compri un televisore, hai mai pensato di imparare a costruirlo? E il computer che stai usando, hai mai pensato di costruirlo tu stesso? Come puoi pensare che un prodotto industriale possa essere creato da te? O hai la percezione, evidentemente errata, che il software che riproduce sistemi complessi per il trading non sia un prodotto industriale?

L'immagine che dà chi insegna corsi di programmazione è che tutti possano diventare programmatori di trading system. Certo. E conoscere la programmazione, ripeto, è certamente una cultura potenzialmente utile, perché permette di capire come viene costruito un trading system durante la sua produzione.

Così come studiare elettromeccanica certamente mi darà qualche nozione di come è fatto un computer, e questo è un qualcosa che mi arricchisce, almeno dal punto di vista della cultura generale. Ma sapere come è fatto è tanto bello quanto lontano dal farlo in prima persona.

E allora, non cercare di "fare" il trading system che hai in testa. È una pia illusione che non arriverai mai realmente a realizzare se non dedicandoci una quantità ridicola di ore di lavoro e risorse praticamente illimitate. Provaci solo se la tua ambizione è di diventare un grande professionista del trading, se hai un obiettivo molto lungimirante e superiore. Se vedi la tua vita dedicata a quello, provaci. Altrimenti, non perderci tempo e denaro. Non serve.

Il modo corretto per approcciare un sistema di trading, quindi, non è di cercare il sistema che riproduca quello che hai in testa: dico di più, di quello che fa realmente il trading system non ci importa assolutamente. Se trada in break-out, in swing trading, con la banda di Bollinger, o la media mobile, o lo stocastico, o solo con la price action (meravigliosa espressione usata a livello mondiale, magica a piacere, non "azione del prezzo" ma "price action", dove va il prezzo vado io, ma dove va il prezzo?), non ci interessa davvero. Se chi ha prodotto il sistema te lo dice perché vuole dirtelo, ok, ma a te non interessa.

Inoltre: se chi ha prodotto il sistema ti dice che il sistema fa trading, poniamo, sull'EurUsd, e tu abitualmente fai trading sul Dax, non assegnare a quel sistema automaticamente l'etichetta che "il sistema non fa per me perché non trada quello che voglio io". Il tuo unico obiettivo è fare profitto con un sistema di trading. Fare profitto. Se quel sistema fosse valido per fare profitto, poniamo, sull'EurUsd, perché escluderlo e cercare per forza quello sul Dax?

"Perché il Dax lo conosco": questa è la risposta tipica, e molto avvilente. Chi te lo ha presentato il Dax? Ci vai a pranzo fuori?

Siete diventati amici, o magari amanti? Il Dax è un maschio o una femmina, del resto?

Se un trading system macina utili con il future dell'olio di palma (esiste, te lo assicuro), perché rinunciarci? Perché approcciare il trading con un condizionamento mentale preconcetto? Il trading è una sfida al tuo modo di pensare. Niente nel cervello umano è già pronto e predisposto per macinare utili sul trading. Non pensare in modo condizionato, libera la mente, aprila. Conosci il Dax? Bene, salutamelo, ci sono ottimi sistemi sul Dax, ma ce ne sono di ottimi sull'EurUsd, sul Franco svizzero, sulla Sterlina, sull'S&P500, sul petrolio, sull'oro…

"Ma a me il petrolio non piace." Perché è nero? Perché hai paura di sporcarti il vestito? O perché la mente umana è facilmente condizionabile da qualche cosa che fa apprezzare un indice azionario piuttosto che una valuta o piuttosto che il petrolio? Quel condizionamento è un preconcetto depotenziante della tua attività di trading: quindi, ancora una volta, quello che fa il sistema ci interessa limitatamente a ciò che ci occorre per usarlo. Ma noi cerchiamo di fare profitto con il trading: profitto, solo quello. E se il profitto ci viene dal petrolio, dall'S&P500 o dall'EurUsd a noi va bene lo stesso, basta che sia profitto.

Quello che normalmente abbiamo in testa nella scelta di un sistema di trading è sbagliato per definizione. Libera la mente. Per favore, non saltare il primo passaggio, che è quello della dinamica mentale, anche se so che hai la tentazione di saltarlo, dicendo *Lo farò dopo*, alibi splendido per non farlo più.

So che non sto aumentando la tua autostima, ma sappi che se dopo avere letto questo libro comincerai il percorso per essere un trader vincente, il merito sarà solo tuo: ma, credimi, se perderai, la responsabilità sarà comunque totalmente tua, anche se cercherai di darla all'autore di questo libro. Cercherai mille alibi, ma sarà solo dovuto a te. Successo o insuccesso sono dentro di te. Tira fuori il successo.

Ancora una cosa da non fare
Se hai avuto delle esperienze passate di trading, queste possono essere state positive o negative. Poniamo, in pura ipotesi, che queste siano state negative, che il saldo del tuo conto, alla fine, si

sia ridotto invece che accrescersi. Ebbene: se leggi questo libro con dentro di te il risentimento verso qualcuno ("i ciarlatani" che ti hanno venduto un corso, un sistema di trading, un metodo, un servizio di segnali, quello che vuoi), renditi perfettamente conto di essere esposto a gravissimo rischio di perpetuare le tue perdite.

Non perché hai perduto, questo può far parte del trading; ma perché sarai guidato dalla tua rabbia interiore al solo scopo di "recuperare".

Tu perderai di vista l'obiettivo del trading, fare profitto senza fronzoli, per fissare il tuo obiettivo sul "recuperare la perdita", che significa, nella tua mente razionale, cercare di tornare al momento del passato in cui avevi i soldi con cui hai iniziato, e nel tuo io profondo cercare "soddisfazione" contro qualcuno o qualcosa a cui hai dato la responsabilità della tua perdita.

"Recuperare la perdita" è un atteggiamento semplicemente suicida nel trading. La perdita non la si recupera, come non si torna indietro nel tempo: la perdita la si accetta, la si interiorizza, se ne trae insegnamento, la si ringrazia per averci insegnato che

74

cosa non va fatto, la si analizza per trarne giovamento, insegnamento, perché se capiremo la vera ragione per cui abbiamo perduto soldi, avremo capito dove abbiamo sbagliato. Non gli altri, noi, perché solo noi siamo responsabili del nostro conto di trading, e nessun altro.

La perdita è fonte di insegnamento nel trading, e come tale la si accantona dopo averla analizzata, il suo risultato sul nostro conto è un numero nei confronti del quale siamo freddi e distaccati, è un segno meno matematico, perché in matematica ci sono i segni più e i segni meno. L'operazione successiva alla perdita non mira a recuperarla, ma a fare profitto.

Facciamo trading per fare profitto seguendo metodi scientifici precisi. Il nostro unico obiettivo è il profitto, non la compensazione di perdite. Perdite e profitti, come in ragioneria, non si compensano. Le prime ci insegnano, i secondi sono il nostro obiettivo.

Se hai fatto trading per "recuperare le perdite", la maggiore e schiacciante probabilità è che tu abbia perduto ancora. La tua mente, in questo istante, è molto perplessa: stai cercando di convincerti che questo non è vero, hai "recuperato" ma poi ci sono stati altri problemi, insomma hai perso comunque ma avevi "recuperato". Su, coraggio: convinciti. La mente umana difficilmente è in grado di assuefarsi al modello che serve per fare trading vincente. Per farlo ti serve la dinamica mentale, perdona l'insistenza quasi ossessiva.

SEGRETO n. 4: libera la mente, elimina qualsiasi condizionamento, preconcetto o risentimento del passato tra te e il profitto, che è l'unico fine per cui fai trading.

Come si approccia un sistema algoritmico: che cosa fare
Quindi: a noi interessa fare profitto, e ciò che ci porta profitto a noi va bene.

Se riusciamo a dimostrare che un sistema di trading è profittevole, allora lo prendiamo in considerazione. Questo è l'unico fattore che ci interessa. Tutto il resto non ci interessa proprio. Fa profitto? Bene, andiamo avanti. Non ci basta questo, ma è il primo punto per continuare.

In linea di massima, un profitto ci può essere mostrato in due modi: con una *equity line* oppure con uno *statement*, quindi un estratto conto, dove vediamo un saldo iniziale e un saldo finale rispetto a un determinato periodo di tempo. La equity line è la semplice interpretazione grafica, punto dopo punto, della linea del capitale che incrementa o decrementa in funzione dei profitti e delle perdite accumulati nelle diverse operazioni di trading.

La prima carta di identità di un sistema di trading è quindi costituito da quella curva di profitti e perdite accumulate ovvero dai saldi numerici progressivi del conto. La tua mente seguirà istintivamente il tuo occhio che si fisserà, altrettanto istintivamente, sull'inizio e la fine della equity line, oppure sul saldo iniziale e sul saldo finale. Se avrai numeri a disposizione, la tua mente farà l'immediata differenza tra saldo finale e il saldo iniziale, calcolerà il rendimento percentuale rispetto al saldo iniziale e cercherà subito di individuare il periodo di tempo che è intercorso tra l'inizio e la fine.

Non solo, è probabile che avrai subito la tentazione di fare il conto mentale di quanto quell'importo significhi mese per mese, per calcolare immediatamente di quanto le tue entrate potrebbero venire incrementate.

Questo è il classico modello mentale del trader perdente. Se ragioni così sarai condannato a perdere, e perderai: puoi cercare di replicare Larry Williams mettendoti alle sue spalle, ma perderai. E se lo hai fatto, è una delle ragioni per cui sarai condannato a perdere, se già non hai perso.

L'inganno dell'occhio, guidato dall'io profondo che cerca certezze: è lui che guarderà l'inizio e la fine. L'inizio e la fine vanno guardati, ma va guardato soprattutto che cosa accade nel frattempo. E qui veniamo a una serie di dati che effettivamente corrisponde alla carta di identità del sistema: noi sceglieremo il sistema in funzione di questi dati, li verificheremo con un conto demo, e poi opereremo su un conto reale.

Non trascureremo mai nulla di questi passaggi necessari: neanche se a darci il prodotto è il già citato Larry Williams.

Vediamo ora, nel prossimo capitolo, quali informazioni dobbiamo avere per valutare se il trading system fa al caso nostro.

SEGRETO n. 5: allena l'occhio a leggere uno statement o una equity line e non fermarti alla prima impressione.

RIEPILOGO DEL CAPITOLO 4

- SEGRETO n. 1: via dalla testa gli stereotipi negativi su chi insegna e su chi sa fare. Contano i fatti.

- SEGRETO n. 2: costruisci la tua personale cultura di trading: questo ti porta al trading di successo.

- SEGRETO n. 3: utilizza i conti demo per provare senza rischi, non è tempo perso se ti servirà a scegliere il broker giusto.

- SEGRETO n. 4: libera la mente, elimina qualsiasi condizionamento, preconcetto o risentimento del passato tra te e il profitto, che è l'unico fine per cui fai trading.

- SEGRETO n. 5: allena l'occhio a leggere uno statement o una equity line e non fermarti alla prima impressione.

Capitolo 5:
Trading for a living, scegli il sistema

Il drawdown

Comincia con il *drawdown*, l'esame dei parametri fondamentali che chiameremo "carta d'identità" del sistema.

Ciò che avviene su una equity line è esattamente ciò che avviene su un qualsiasi grafico di borsa: in questo caso, quello della equity line intendo, il sottostante del grafico è il tuo conto.

Non esiste grafico di borsa che non abbia oscillazioni, momenti in cui va su e momenti in cui va giù. Così, non esiste una equity line che va solo su, dritta a 45 gradi. L'equity line è soggetta a oscillazioni. A momenti positivi e momenti negativi.

Prova a osservare il grafico di una valuta o di un titolo. Poniamo il grafico dell'Eurodollaro sulla tua piattaforma Metatrader. Qualsiasi time frame sceglierai, il grafico ti mostrerà un andamento (l'inizio e la fine del grafico ti dice se è andato su o giù), ma il "durante" del grafico ti mostrerà una serie più o meno lunga di oscillazioni.

La tua equity line sarà come il grafico dell'Eurodollaro, sottoposta a oscillazioni. E se guardando il grafico dell'Eurodollaro non proverai particolari emozioni, guardando il grafico dell'equity line che rappresenta il tuo conto di emozioni ne avrai tante. Avrai momenti di euforia quando il grafico sale e momenti di ansia quando il grafico scende. Se poi scenderà quando ancora non ha iniziato a salire, l'ansia sarà potente. E se salirà un po' e poi scenderà tanto, e di più di quello che è salito, sarà quasi peggio che quando scende subito.

L'oscillazione tra due punti di un grafico è misurabile. La differenza tra un massimo e un minimo è quello che si definisce drawdown del periodo. Quando esaminiamo i dati storici di un sistema, dopo avere dato uno sguardo a quanto il sistema ha guadagnato (quello che immediatamente soddisferà il nostro occhio desideroso di scrutare i due punti critici che adora, l'inizio e la fine), daremo non uno sguardo ma un'occhiata molto critica a quanto è stato il massimo drawdown (cioè la distanza massima che si è verificata tra un massimo e un minimo).

Confronteremo il massimo drawdown con il capitale consigliato, calcolandone la percentuale. Confronteremo il massimo drawdown con il profitto complessivo accumulato, calcolandone la percentuale. Questi due parametri molto banali esprimono: 1) qual è stato il massimo rischio di distruzione del proprio capitale corso in passato, cioè di quanto il capitale si sarebbe ridotto supponendo che quel drawdown si fosse verificato tutto all'inizio del nostro trading, e 2) quale è stato il rischio corso in funzione del profitto realizzato.

Ora, quello che dovrai valutare è se te la senti. Il futuro può essere infatti solo peggiore del passato, nel trading. Il massimo drawdown non è mai dietro di te, ma davanti a te. I mercati non hanno mai diminuito la loro complessità ed esposizione al rischio. Sui mercati si combatte una battaglia fatta di squali affamati che mangiano i pesci piccoli, indifesi e stupidi. Siccome tu sarai tra i pesci piccoli, devi evitare di essere anche tra gli stupidi: in effetti, leggendo questo libro, dimostri già di non esserlo affatto.

Però devi essere consapevole che quel drawdown passato è il minimo che può capitarti in futuro, altrimenti sarà peggio. Quindi, non partire dal concetto che certamente andrà meglio, ma che può solo andare peggio di come è andata in passato.

Non esiste alcuna indicazione di drawdown sul capitale che sia oggettivamente tollerabile in senso assoluto. A mio avviso, se si vuole fare trading sensato, bisogna essere disponibili a sopportare un 32% di drawdown sul capitale. Ma questo è soggettivo. Sei solo tu a poter determinare il drawdown sul capitale che sei disposto a sopportare.

Perché poi **devi** sopportarlo, perché uscire dal sistema sui minimi di una equity line e abbandonarlo perché non si sopporta il drawdown significa semplicemente aver perso soldi e capitale psicologico, che sarà molto difficile rigenerare. Pensaci prima: il drawdown è quello che ti viene mostrato dai dati del passato.

Il secondo parametro, il rapporto tra profitto e massimo drawdown, è solo una questione di logica. È chiaro che se ho rischiato 100 per portare a casa 50, forse il sistema non è così efficiente da poterci interessare. Se ho portato a casa 100 e ho rischiato 100 è già una consolazione, ma non è un sistema che ci piace. Qualsiasi rapporto più favorevole al profitto rispetto al drawdown ovviamente non può che farci gioire. Più il rapporto tra profitto e drawdown è alto e meglio è.

Se sei in grado di gestire il drawdown, significa che sei in grado di perdere. O che puoi imparare a perdere. Imparare a perdere è il presupposto per imparare a guadagnare. Non è assurdo: è così.

SEGRETO n. 1: impara a perdere, così e solo così imparerai a guadagnare.

Il profit factor
Somma tutte le operazioni in profitto. Somma tutte le operazioni in perdita. Fai il rapporto tra la prima somma e la seconda. Avrai ottenuto il *profit factor*.
In ogni report che si rispetti, il profit factor è calcolato da qualsiasi sistema. Più è alto e meglio è.

Per poter prendere in considerazione un sistema partiamo da un profit factor minimo di 1.20. Partire da un profit factor più basso è veramente molto rischioso. Il profit factor è il primo elemento che vedrete degradare nei momenti difficili. Ci sono regole, seguite da trader professionisti, che monitorano il profit factor operazione per operazione, calcolandone la media mobile a trenta periodi, e interrompendo l'operatività del sistema non appena il profit factor scende sotto la sua media mobile, riattivandolo quando risale sopra.

Questo a significare che il profit factor, nella carta di identità del sistema, equivale per importanza a nome e cognome nella vostra carta di identità personale.

Se il profit factor supera 1.40 è interessante. Sopra 1.60 o 1.80 è un ottimo margine di sicurezza. Sopra 2.00 fantastico. Troppo alto è sospetto o, comunque, rende necessario darsi una giustificazione credibile e seria del perché sia così alto.

Percent profitable e average profit/average loss

Conta le operazioni effettuate. Conta le operazioni che si sono concluse in guadagno e calcola la percentuale rispetto al totale delle operazioni effettuate. Quella è la *percentuale di profittabilità* o *percent profitable*. La percentuale di profittabilità va rapportata a un altro valore, il rapporto tra l'importo medio delle operazioni in guadagno fratto l'importo medio delle operazioni in perdita, detto *ratio average profit/average loss*.

Succede, infatti, che i mercati non regalano nulla: questo si esprime con la famosa frase "in finanza non esistono pasti gratis". E quindi, quando la percentuale di profittabilità è alta (quindi si guadagna in percentuale molte volte di più di quando si perde – ad esempio il percent profitable è del 70%) è facile che il rapporto average profit/average loss sia basso (1, oppure minore di 1).

Tanto più è basso il percent profitable e tanto più deve essere alto il rapporto average profit/average loss. Se guadagno il 50% delle volte, il rapporto tra operazione media in guadagno e operazione media in perdita deve essere ben maggiore di 1 a 1.

Il percent profitable da solo non dice nulla, se non correlato al rapporto average profit/average loss. Ci possono essere sistemi che guadagnano poche volte, ma tanto, e sistemi che guadagnano tante volte, ma poco. È solo la correlazione dei due parametri che mi fornisce un'informazione completa sulla potenzialità di profittabilità del sistema.

Il percent profitable e l'average profit/average loss stanno tra loro come punti estremi di un elastico. Non esiste nulla sui mercati che non si paghi. Nulla è gratis. Se un sistema guadagna molte volte rispetto al totale delle operazioni tenderà ad avere una media di profitto unitario bassa, proprio perché è più facile guadagnare poco che tanto, e quindi guadagnare poco è molto più ricorrente che guadagnare tanto.

Un percent profitable basso, perché il sistema possa essere profittevole, necessiterà di un rapporto average profit/average loss alto: ci sono ottimi sistemi che guadagnano il 40% o meno delle volte, ma il rapporto tra la media di guadagno unitaria rispetto alla media di perdita unitaria è alto, e così il sistema funziona.

Quando si va alle fiere o si partecipa a qualche evento è facile trovare trader che sostengono che il rapporto tra target profit e stop loss debba necessariamente essere alto. Chi dice 3 a 1, chi 2.5 a 1, chi a 2 a 1 storce il naso perché lo reputa insufficiente.

Non è che questo non sia vero: è intuitivo che se guadagno tre quando l'operazione è positiva e perdo uno quando è negativa mi basterà azzeccarci anche solo il 40% delle volte e sarò comunque in profitto.

Non solo, eventuali drawdown, in linea teorica, potranno essere recuperati più rapidamente; ripeto, in linea teorica. Il problema insito in queste affermazioni è che tentano di generalizzare come vera in assoluto un'esperienza personale di trading, il che è perfettamente comprensibile e umano che avvenga; ma deve essere chiaro che in finanza nulla è scritto nella pietra.

In una scienza che fonda tutto il suo sapere sulla statistica e la probabilità nulla è definitivo, nulla è vero per sempre e per tutti, alcune cose sono probabili e altre meno probabili, tutto qui. E generalizzare, dicendo che si deve fare trading con rapporti tra profit e loss necessariamente di tre a uno è molto banalizzante e fuorviante.

Si fa trading seguendo un metodo statistico e probabilistico: se le probabilità legate a quel metodo dicono che il guadagno si ottiene con un rapporto profit/loss di 1 o addirittura di 0.80 o inferiore, perché il sistema ha un percent profitable alto, per esempio del 75%, ebbene, quello è comunque un ottimo sistema anche se non ha un rapporto 3 a 1 tra profit e loss.

Average trade

L'*average trade* è la media di guadagno di ogni singolo trade, includendo nel calcolo tutte le operazioni, sia positive che negative. Ci sono libri in circolazione che raccontano di sistemi leggendari con utili favolosi… fatti solo su conti demo, perché applicati alla realtà del mercato il loro average trade è così basso da non riuscire a essere profittevoli, scontrandosi con la dura realtà degli spread veri che vengono applicati nella negoziazione in continuo, oltre che con tutti gli imprevisti di fast market eseguiti in ritardo, ineseguiti e quant'altro; tutte variabili che nel paradiso dei conti demo, nella migliore delle ipotesi, sono solo simulate, e per di più solo in parte.

L'average trade deve essere sufficientemente alto da consentire comunque un margine sufficiente rispetto a commissioni, spread e imprevisti.

A tal proposito ti dico che l'applicazione dello spread da parte del broker crea un fenomeno chiamato *slippage*, che è appunto la differenza tra prezzo di vendita e prezzo di acquisto che genera l'utile per il broker e il costo per te che fai trading.

Ma lo slippage è anche costituito da tutto ciò che nella realtà del mercato mi dà un eseguito a un prezzo diverso, in genere peggiore, rispetto a quello atteso, previsto o voluto. Lo slippage è quindi uno dei grandi nemici che attende dietro l'angolo quando iniziamo a fare trading automatico. L'average trade alto è la tutela contro lo slippage.

La dimensione reale dell'average trade dipende ovviamente da molti fattori, tra cui le dimensioni (*size*), cioè la quantità negoziata su ogni singola operazione. La vedremo più avanti.

Massimo numero consecutivo di trade vincenti e perdenti
Il dato molto asciutto del numero consecutivo massimo di trade perdenti avvenuto nella storia del sistema di trading ti fornirà un'idea di quanto il tuo stomaco potrebbe essere aggredito durante l'uso del sistema.

Il dato, in sé, non dice molto dal punto di vista dell'efficacia del sistema, ma dice molto dal punto di vista dell'usabilità. Ho visto molti smettere di fare trading di fronte a una sequenza di trade perdenti consecutivi che non accettavano. Per questo valutarlo prima aiuta a capire a che cosa, statisticamente, siamo andati incontro in passato, e a darci una pallida idea del futuro.

Il massimo numero di trade vincenti consecutivi è un dato puramente statistico: è evidente che accetterete di buon grado di rivedere spesso una sequenza positiva di operazioni. Un po' di equilibrio tra le due informazioni può aiutare a sopportare meglio le sequenze negative.

Gli outlier

Quanti colpi di fortuna o di sfortuna ci sono stati nel sistema? Questi sono gli *outlier*, operazioni che hanno prodotto una perdita o un profitto oltre la seconda deviazione standard, cioè molto rilevanti e fuori della media. Una regola della finanza è separare ciò che ci regala il Cielo dalla nostra abilità.

Valutare i colpi di fortuna o di sfortuna ci aiuta a capire quanto, nel passato, il risultato sia stato influenzato da questi fattori. Va valutato se nel sistema la presenza degli outlier sia effettivamente dovuta alla casualità oppure se il sistema non preveda esplicitamente, nel proprio algoritmo, che ci siano operazioni che producano risultati significativamente fuori della media; il che può essere, e può anche essere giusto che sia così.

Togliere gli outlier dal risultato complessivo fornisce comunque una visione più realistica di come potrebbe funzionare il sistema in assenza di operazioni di questo tipo.

Se il report del sistema non fornisce gli outlier, guarda in analitico le operazioni scorrendole e valuta quante ve ne sono con importi molto alti rispetto alla generalità degli altri risultati, siano esse in positivo o in negativo. Questo ti consentirà di avere comunque un'idea dell'impatto degli outlier sul risultato complessivo.

La quantità che si inserisce in ogni singola operazione: la size
Nelle piattaforme che negoziano il Forex, la quantità che si negozia in ogni operazione è espressa in lotti. Un lotto vale 100.000 del sottostante, così un lotto di EurUsd significa che sto negoziando 100.000 euro contro dollari.

Nella realtà operativa dei piccoli conti di trading non si tradano i lotti, ma i minilotti (1 minilotto = 0.10 lotti, quindi 10.000 del sottostante) o i microlotti (1 microlotto = 0.01 lotti, quindi 1.000 del sottostante).

La possibilità di operare con quantità molto basse, unitamente alla leva fornita dal broker, permette di avere conti di trading con capitali relativamente bassi.

Per i CFD le quantità vanno bene interpretate, perché non tutti i broker si comportano allo stesso modo. La maniera più semplice è quando la quantità 1 equivale a un dollaro o a un euro del sottostante: quindi se faccio trading sul DAX, dove un punto vale 25 euro, posso fare trading con un venticinquesimo di punto come unità.

Altri broker invece esprimono, in modo più complicato, il rapporto con il sottostante: noto il valore del punto del sottostante, se faccio trading con 0.10 sul suo CFD, il valore della posizione sarà 0.10 moltiplicato per il valore del punto.

In realtà è necessario esaminare le istruzioni della piattaforma fornite dal broker, che devono indicare come viene calcolato il valore di un punto sui CFD tenendo conto che gli stessi servizi di assistenza di molti broker non hanno piena cognizione del fatto che il sistema usato da loro non è uguale a quello di altri broker, e che quindi il valore di un punto di CFD non è per niente scontato o ovvio.

SEGRETO n. 2: esamina la carta di identità del sistema, tutti gli elementi che la compongono uno per uno.

Quindi come scegliere il sistema?

Quelle che ho fornito finora sono le indicazioni, necessariamente di massima, di quali elementi vadano tenuti in considerazione per comprendere la validità di un sistema di trading. L'elenco non finisce qui, ma abbiamo certamente identificato gli elementi di base.

Come hai visto, non ho parlato affatto di che cosa fa il sistema o di quali sottostanti adopera: un sistema automatico di trading va valutato solo alla luce del profitto che potenzialmente permette di ottenere, alla luce di tutti i parametri che servono per valutarlo.

Trada il Dax, l'EurUsd, l'UsdChf, l'olio di palma? Va tutto bene. Va in swing trading o in breakout? Se il produttore ce lo dice, bene, altrimenti non ce ne può importare di meno. Fa trading secondo il "mio modo" di fare trading? Non pensarci neppure un istante. Ma se non sai quello che fa, come puoi sentirti tranquillo? Bene, torna subito al capitolo della dinamica mentale e affrettati a iscriverti al corso.

Non ti senti tranquillo ma non vuoi fare il corso di dinamica mentale? Ciò che ti accadrà è che ti affiderai al primo guru che troverai sulla tua strada, che ti rassicurerà dicendo che basta replicare quello che fa lui. Auguri, finisci qui di leggere e scusa la mia franchezza: questo libro non ti serve, suicida pure il tuo conto nel modo che preferisci.

Non ti senti preparato a sufficienza per affrontare da solo la scelta? Ecco: questa è una considerazione molto sensata.
Così come non basta conoscere un pattern grafico per diventare trader vincenti, non basta conoscere qualche nozione per valutare un trading system.

Se ho saputo parlare al tuo cuore e alla tua mente, adesso saprai che affidarti a qualcuno che sa di che cosa si parla quando si sceglie un trading system è comunque la strada più giusta, qualcuno che ne abbia esaminate molte e molte centinaia nella sua vita professionale.

È per questo che ora devo parlarti di qualcosa che può essere molto utile alla tua scelta di un sistema di trading che effettivamente possa permetterti di approcciare nel modo più corretto il trading algoritmico. Sto parlando di *Intelligence*, per Metatrader. E poi parleremo della linea di prodotti *GRANDE!* per ProRealTime.

Soprattutto, vediamo che tipo di percorso è opportuno fare per aderire a questi prodotti.

L'abbonamento a *Traders' Magazine* per chi legge questo libro
Chiunque si abbona a *Traders'* aderisce di fatto e automaticamente a un programma di informazione e formazione in un canale rigorosamente riservato. Questo canale contiene un

flusso di informazioni costante proveniente dall'Istituto Svizzero della Borsa, veicolato dalla rivista *Traders'* attraverso una mailing list: concretamente, i soci di tale programma ricevono informazioni riservate sui trading system che l'Istituto ha prodotto o intende sviluppare per l'avvenire.

Sono gli stessi sviluppatori a creare questo flusso di informazioni: segnalano in modo trasparente i trading system che funzionano, propri o di terzi, discernendoli da quelli che non funzionano con la trasparenza dei test e delle prove di funzionalità, e soprattutto di profittabilità, che solo un team addestrato ed esperto può fare.

Qual è lo scopo di questo flusso di informazioni? Questo è il passaggio fondamentale sul quale dobbiamo puntare la nostra attenzione. E quindi passiamo a esaminare quale sia il presupposto per ottenere un reddito decente da un'attività di trading.

SEGRETO n. 3: dopo l'esame della loro carta di identità, scegli i sistemi che più ti convincono. *Traders' Magazine* può aiutarti, e molto, in questa scelta.

Rischio/rendimento

Potrai passare degli anni a fare sulla tua pelle il test dei trading system in circolazione. Potrai anche, purtroppo, andare incontro a esperienze tutt'altro che positive, con trading system che guadagnano per due mesi perché iper-ottimizzati e quindi poco robusti per definizione, e che iniziano a perdere quando decidi di fare sul serio: credimi, è esperienza di vita, non balle.

L'Istituto Svizzero della Borsa propone invece qualcosa di molto concreto: rendere pubblico a un club limitato e riservato di persone, semplicemente, il modo di rendere profittevole un conto di trading tramite l'utilizzo di sistemi di trading algoritmico.

Dobbiamo renderci conto di una cosa: rendere profittevole un conto di trading dipende da molti fattori, tra cui la propensione al rischio del trader, la sua disponibilità di capitali e gli obiettivi realistici che lui stesso si pone.

Se l'obiettivo è, ad esempio, di ottenere un reddito medio di 2000 euro al mese, bisogna partire a ritroso dai fattori anzidetti. Se sul nostro conto di trading pensiamo di poter fare una performance ipotetica del 35% in un anno è necessario arrivare ad avere, se non lo si ha già, un capitale di 70.000 euro.

Se pensiamo di fare il 100% in un anno il capitale scende a 24.000 euro, cifra a cui possiamo arrivare molto prima che non ai 70.000 dell'esempio precedente.

Il problema di tutto questo è che più aspiri a una performance elevata, più devi avere una propensione al rischio elevata. Se qualcuno ti ha raccontato o ti racconta che lui, facendo trading con il famoso rapporto 1 a 3 tra stop e profit (quello che si sente sempre dire alle fiere), riesce a limitare il rischio in rapporto 1 a 3 con il rendimento sull'intero suo sistema di trading, semplicemente non sta dicendo il vero.

Il rapporto 1 a 3 sulla singola operazione, ammesso che sia sempre possibile riuscire a ottenerlo, non equivale ad avere un rischio pari ad un terzo del rendimento sull'intera sequenza di operazioni che compongono un sistema di trading: quindi non è affatto vero che questo modo di fare trading permette di fare il 100% del rendimento con il 33% di rischio, per intenderci. Altrimenti, se questo fosse vero, i mercati non esisterebbero nemmeno.

Tutti i nostri lodevoli tentativi, come sviluppatori e produttori di sistemi di trading, di limitare i rischi rispetto al rendimento non riusciranno mai a creare la formula magica che l'intera sequenza di operazioni e l'intero sistema rischiano 1 a 3. La legge dei mercati, la legge che non regala pasti gratis a nessuno, ci esporrà in linea di principio a un rischio leggermente superiore al rendimento, perché questa è la linea di partenza, uguale per tutti.

Poi i sistemi di trading, almeno i metodi evoluti, cercano di limare lo sbilanciamento di questa linea di partenza tutta a favore del mercato e del suo principio basilare di funzionamento: il mercato, infatti, sopravvive grazie al fatto di avere per sé un vantaggio tendenziale, creando uno svantaggio tendenziale a chi vi opera. I migliori sistemi di trading cercano di portare le probabilità dalla parte del trader, cercano cioè di far avanzare la linea del rendimento, partita in svantaggio, fino a farle superare la linea del rischio.

E per ottenere questo la fatica è grande: per farla breve e non addentrarmi in equazioni di matematica finanziaria che a spiegarle stenderebbero un elefante, bisogna essere mentalmente pronti, da un punto di vista meramente concettuale, a rischiare un importo pari o leggermente inferiore al rendimento in un sistema di trading che operi con rendimenti da trader e non da investitore.

In parole povere, se un sistema rende il 35% in un anno, dire che potrò avere un 25-30% di drawdown è una linea di partenza prudente che tiene già conto, di suo, del fatto che il sistema è buono a tal punto da aver fatto avanzare la linea del rendimento oltre quella del rischio di qualche buon punto percentuale.

Qui so che un nugolo di trader professionisti mi si rivolterà contro, esibendomi i loro sistemi che hanno avuto un drawdown del 10% e un rendimento del 50% o più. E perché no? Nei campionati di trading si vedono cose mirabolanti – nel 2014 alla Traders' Cup, il campionato di trading organizzato dalla mia rivista, il vincitore assoluto, Giuseppe Minnicelli, ha prodotto il 1067% di rendimento in 33 giorni, con un drawdown di poco superiore a zero.

Ecco: io lo so che c'è qualcuno in grado di fare queste cose – e i campionati di trading li organizziamo apposta per scoprire anche questi personaggi. Ma questo libro vuole diffondere cultura di trading, non tanto rivolgersi a chi la cultura ce l'ha già, o magari a chi è abituato a parlare con gli angeli. E per diffondere cultura, il primo obiettivo da raggiungere è l'equilibrio della consapevolezza che combattere i mercati significa partire da una posizione di grande svantaggio grazie alla quale i mercati stessi sopravvivono.

Altro obiettivo è l'abilità di portare le probabilità a nostro favore con tanti accorgimenti anche piccoli, con sistemi di trading credibili, conservando la consapevolezza che stiamo andando faticosamente contro un flow poderosamente contrario a noi, che tenderà in ogni momento a riprendere il sopravvento su quelle probabilità che abbiamo portato, sempre che siamo davvero riusciti a farlo, a nostro favore.

Quindi: vuoi guadagnare il 100% all'anno per potere, con un capitale relativamente basso, avere un reddito mensile di minimo rispetto? Bene, tenderai a rischiare una quota molto alta del tuo capitale: forse più alta di quello che il tuo stomaco e il tuo equilibrio interiore possono consentirti, per lo meno nei primi mesi e probabilmente anni di trading.

Saggezza come regola

A mio avviso se vogliamo avere un buon reddito dal trading tramite un'attività stabile che diventi un vero business dobbiamo puntare ad accumulare, gradualmente, 100.000 euro di capitale da dedicare al trading. Non significa che bisogna partire con 100.000 euro di capitale, probabilmente pochi tra i lettori hanno a disposizione una cifra del genere o, avendola, se la sentono di metterla a disposizione di un'attività di trading tutta da far nascere.

Deve essere, però, un obiettivo da perseguire: quanto tempo ci vuole per perseguirlo, dipende dalla cifra con cui si parte. Si può partire anche con 1.000 euro, anche se è difficile. O con 5.000 euro, cifra media di partenza che vedo spesso, con 10 o 20.000 euro. Esattamente come nella vita, si ha qualche facilità in più avendo più soldi con cui partire... perché il trading è la vita, ricordate?

Ma come nella vita i soldi con cui si parte non sono tutto, anzi non sono nulla, se mancano i requisiti di base: la costanza, la determinazione, la chiarezza di idee, la stabilità, la mente pronta ad accogliere il successo. Quest'ultimo elemento è quello che manca, strutturalmente, nella mente di ciascuno: chi se lo sa creare avrà successo, gli altri si metteranno in coda fino alla prossima fermata, sperando di riuscire meglio la volta successiva.

Ma la capacità di raccogliere il successo è più della metà del risultato, e mettiamocelo bene in testa, *è così*, altro che pattern, altro che 1 a 3 tra stop e profit, altro che Fibonacci, altro che formule magiche, altro che trading urlato nelle fiere, altro che fandonie e balle da fantaindustriafinanziaria.

Ora, se parti con, poniamo, 10.000 euro di capitale, la tua ambizione, il tuo obiettivo sarà moltiplicare per 10 quel capitale in un certo numero di anni per raggiungere delle soglie significative sulle quali poter pensare di fondare un vero business basato sul trading.

Alcuni anni or sono c'era un famoso corso di trading durante il quale si distribuiva un foglio excel, il quale illustrava come arrivare rapidamente da poche migliaia a molti milioni di euro grazie a un rendimento del 20% mensile. Esistono alcuni, non molti, che ottengono rendimenti di questo genere, però è molto facile scrivere fogli excel.

Credo che nessuno che abbia frequentato quel corso – che nelle diverse edizioni ha contato migliaia di partecipanti – sia riuscito ad avere rendimenti mensili del 20% senza ovviamente rimetterci tutte, ma proprio tutte, le penne. Se qualcuno ci è riuscito, grazie a quel corso intendo, mi scriva: sarò lieto di invitarlo a un evento, oltre che a pranzo, per spiegare al pubblico come ha fatto. E siccome questo mondo del trading in Italia è piuttosto piccolo e di nicchia, molti lettori, ne sono sicuro, avranno frequentato quel corso e si identificheranno in quello che dico.

Io ti dico, realisticamente: fai il tuo piano di trading e di accumulazione di capitale per arrivare a un obiettivo serio di business, partendo dalla valutazione che se farai il 35% l'anno sarai molto bravo. Significa che partendo da 10.000 euro di capitale, con la formula dell'interesse composto, ci metterai circa otto anni a raggiungere i 100.000 euro di capitale. E 100.000 euro di capitale al 35% annuo significano 35.000 euro, che significa poter disporre di un reddito spendibile di 2000 euro al mese circa al netto delle tasse.

Lo so, ti stai scoraggiando. In realtà, se seguirai come sto cercando di spiegarti la strada del trading algoritmico, nulla ti impedirà di avere un'attività professionale o un lavoro che ti consenta di contribuire all'accumulazione di capitale.

Nulla, ancor di più, ti impedirà di poter aumentare la prospettiva di rendimento nell'anno dal 35% al 50-70%, grazie al fatto che al crescere del capitale potrai diversificare i sistemi di trading utilizzati, diminuendo i drawdown complessivi: infatti il segreto di una buona diversificazione, che richiede però un po' di capitali da mettere a disposizione, è quello di poter ottimizzare i drawdown (che a quel punto non sono più la somma dei drawdown dei singoli sistemi, ma una cifra inferiore) e far esplodere il rapporto rischio/rendimento a favore di quest'ultimo.

Ecco perché, come spiegavo nelle pagine precedenti, quando parti non puoi aspettarti grandi rendimenti se non a prezzo di rischi troppo elevati: ed ecco perché, quando sei dotato di qualche capitale in più, sei in grado di abbattere gradualmente i rischi e di far aumentare gradualmente i rendimenti.

Io ti dico, con molta tranquillità, che fare trading con 30.000 o 50.000 euro, anziché con 10.000, significa poter diminuire di molto il rischio implicito all'uso dei sistemi di trading. E questo significa poter investire quel minor rischio, di fatto, in un rendimento più alto.

E significa raggiungere la soglia di un livello di capitale da trading business molto prima degli otto anni di cui sopra, diciamo 5 o 6. E diciamo anche che una minima soglia di risparmio accantonabile può aiutare ad accorciare ancora di più i tempi.

Ma se il Suo sistema rende il 60% l'anno e più... perché mi dice che guadagnerò il 35%?

Intelligence, uno dei sistemi di trading che l'Istituto Svizzero della Borsa diffonde in Italia e in Svizzera tramite *Traders'*

Magazine Italia, nella versione v305 che viene diffusa a partire da maggio 2017 presenta una profittabilità storica del 60% annuo.

Questo significa, ovviamente, che usando il sistema con leva maggiorata e aumentandone il rischio, raggiungere livelli di capitale molto elevati sembra semplice e a portata di mano. Ebbene: stop ai sogni. Se avrai dei regali dal Cielo e questi regali ti porteranno performance elevate, prendili e ringrazia il Cielo, ma non pensare che quei regali siano la norma.

Sono regali del Cielo, che noi accogliamo con favore, è una buona fortuna che, alle volte, riusciamo a richiamare grazie al fatto che la fortuna premia sempre le persone che hanno la mente predisposta a ricevere il successo. Ma è solo una buona fortuna che si accompagna a una buona abilità di costruire sistemi di successo.

La buona fortuna non fa parte della nostra matematica finanziaria. Dopo trentacinque anni di trading, vogliate crederlo se vi dico che se fate il 35% in un anno siete stati bravi. Punto.

C'è chi guadagna il 200% all'anno (o al mese...). Bene:

complimenti. Seguilo. Se ottieni lo stesso risultato, vieni da me e insegnami a farlo per trentacinque anni di fila.

SEGRETO n. 4: sii realista nella valutazione dei tuoi obiettivi di guadagno con il trading.

Ma allora…

Non è tutto oro quel che luccica? Già.

Ma allora, con il trading non si diventa ricchi? Si può diventare ricchi, come con qualsiasi altra attività di impresa. Si può diventare benestanti, come con qualsiasi altra attività di impresa. E come con qualsiasi altra attività di impresa si può fallire. E come con qualsiasi altra attività di impresa, la quantità di successo che può arrivare dipende solo da noi stessi e dalla nostra abilità.

Intelligence

Intelligence è un prodotto software per Metatrader4, molto evoluto, risultato di una lunghissima esperienza nei sistemi di trading. È un prodotto che definirei autorevole. Perfino chi ha perso con questo prodotto – perché perdere è sempre possibile facendo trading – riconosce al prodotto una qualità e un'eccellenza superiori.

La probabilità di perdere con questo prodotto è molto remota, ma esiste. Ai pochi che hanno avuto qualche disavventura con questo prodotto è capitato perché nel trading gli imprevisti possono esserci, nessuno vede il futuro o pretende di vederlo (lasciamo da parte gli angeli e chi parla con essi). E gli imprevisti nel trading possono creare perdite (o, più raramente, utili).

La ragione per cui consiglio di iniziare la carriera algoritmica con questo prodotto è perché la formula con cui viene proposto è incredibilmente allettante: zero costi e zero rischi, per gli abbonati a *Traders'*, per un periodo di prova di un mese intero, con una finalità eminentemente didattica. Il percorso è infatti interamente guidato e consta del consiglio di aprire un conto demo con un broker che abbia già testato il prodotto: il conto demo si apre in un quarto d'ora, senza formalità particolari.

A quel punto si riceve il codice, con tanto di manuali e video di assistenza all'installazione. Se occorre c'è una linea telefonica dedicata che risponde 24 ore al giorno, 7 giorni su 7; nessuno offre un tale livello di servizio in finanza. Se occorre, c'è un indirizzo email o una chat a cui rivolgersi per richiedere assistenza.

Dietro tutto questo, l'esperienza dell'Istituto Svizzero della Borsa come produttore del software e di *Traders' Magazine Italia* come società distributrice in Italia, che provvede anche all'organizzazione del supporto clienti.

Concluso il periodo di prova, si può acquisire il prodotto in noleggio: e chi è abbonato a *Traders' Magazine*, e quindi iscritto alla ristretta cerchia dei privilegiati fruitori del flusso informativo costante di cultura del trading, con un prezzo minimo di 6 euro e 30 centesimi il mese, o anche meno, si assicura il diritto al 50% di sconto a vita sul noleggio di Intelligence.

Nella versione v305, il capitale occorrente non è un vincolo. Il capitale minimo è 600 euro (seicento, avete letto bene), fino a 18.000 euro per chi vuole mettere di più. Nel percorso c'è la promessa implicita di gestire capitali crescenti nel tempo, ovviamente anche sopra i 18.000 euro; c'è infatti un intero pacchetto di prodotti pronto che segue dopo Intelligence.

Non si viene mai abbandonati o lasciati a se stessi. L'interesse è comune e condiviso: la formula del noleggio sottintende il desiderio di proteggere il cliente per sempre, fino a che vorrà utilizzare il prodotto. Questa è la filosofia del prodotto: insegnare che cos'è il trading algoritmico, all'inizio a zero costi e zero rischi, insegnare a gestire il rischio con un approccio realistico al trading algoritmico, con importi che sono quelli coerenti con quanto si dispone.

Insegnare ad accrescere gradualmente il proprio capitale, ad amministrarlo nel modo migliore, all'inizio con un sistema di trading e poi, gradualmente, con un portafoglio di sistemi. Questa è la strada giusta per arrivare al capitale che occorre per fare del trading il proprio business. Questa è la strada giusta per diventare veramente trader professionisti.

Se vuoi credermi, questa è la strada giusta
Sulla pagina del sito di *Traders' Magazine*, iniziare il percorso chiedendo la prova gratuita a zero costi e zero rischi per un mese

è questione di un paio di click:

http://www.traders-mag.it/intelligence-traders.html

Se il link, nel tempo, dovesse cambiare, lo trovi comunque nella pagina dello shop di *Traders' Magazine*, alla voce Tool.

Quando si ordina la prova gratuita si ricevono le istruzioni per attivarla, normalmente in breve tempo, salvo quando ci siano in corso nuovi rilasci (in questo caso, alle volte, si attende qualche giorno).

I prodotti dell'Istituto Svizzero della Borsa distribuiti da *Traders' Magazine* per ProRealTime

Sai che chi ha vinto la sezione AlgoTrading (trading algoritmico) del campionato di trading Traders' Cup del 2016, ci è riuscito con un pacchetto di sistemi in ProRealTime, che girava su un conto del broker IG, a cui si può richiedere di avere sia ProRealTime che Metatrader, aprendo due conti?

Ti dice niente questo?

Ebbene sì.

Per chi ama ProRealTime o, semplicemente, per chi vuole già saggiamente diversificare il capitale di trading in più sistemi, avendone disponibilità, *Traders' Magazine* ha in distribuzione anche i prodotti algoritmici per questa piattaforma. Come dicevo in altra parte di questo libro, è una piattaforma anche più gradevole dal punto di vista estetico di Metatrader – con l'ovvia precisazione che l'estetica nel trading conta veramente poco.

Il percorso è similare: *Traders' Magazine* non delude mai gli abbonati, la parte didattica è sempre dominante, l'obiettivo è anzitutto diffondere cultura e poi vendere prodotti. Sempre nello shop di *Traders' Magazine* trovi facilmente tra i Tool la sezione dedicata ai prodotti della linea ProRealTime.

SEGRETO n. 5: *Traders' Magazine* **ha una reputazione europea; non può perderla e questo è un grande vantaggio per tutti.**

RIEPILOGO DEL CAPITOLO 5:

- SEGRETO n. 1: impara a perdere, così e solo così imparerai a guadagnare.

- SEGRETO n. 2: esamina la carta di identità del sistema, uno per uno tutti gli elementi che la compongono.

- SEGRETO n. 3: dopo l'esame della carta di identità scegli i sistemi che più ti convincono. *Traders' Magazine* può aiutarti, e molto, in questa scelta.

- SEGRETO n. 4: sii realista nella valutazione dei tuoi obiettivi di guadagno con il trading.

- SEGRETO n. 5: *Traders' Magazine* ha una reputazione europea; non può perderla e questo è un grande vantaggio per tutti.

Conclusione

La promessa di Leibniz, nel 1622, era di liberare l'uomo dalla schiavitù del calcolo grazie alla sua macchina, il primo calcolatore della storia in grado di fare le quattro operazioni, che avrebbe consentito di concentrare le energie intellettuali umane su obiettivi molto più elevati che non la ripetitività del calcolo.

Se sono riuscito a trasmetterti il senso del perché il trading algoritmico è la vera frontiera moderna per fare trading di successo e rivoluzionare decisamente in meglio la tua vita, ora hai capito perfettamente come, circa quattrocento anni or sono, il genio di Leibniz aveva precorso i tempi e previsto il futuro.

Se già fai trading o ci hai provato, indipendentemente dai risultati che hai raggiunto, se per te è la prima volta, o se sei già conoscitore di sistemi di trading algoritmico, quello che ti propongo con questo libro è un percorso completo, originale e imperdibile per approcciare un metodo di successo.

117

Non trascurare il primo consiglio che ti ho dato. La tua vita da trader sarà lunga e felice se preparerai la tua mente alla determinazione, alla calma, al distacco, alla lucidità che occorrono affinché il tuo sia un percorso brillante, carico di soddisfazioni e di positività.

Anzitutto tira fuori dal marmo della tua anima – ricordati di Michelangelo quando scolpì il Davide – tutta la tua capacità e la tua energia. Se seguirai il percorso di dinamica mentale che ti ho consigliato, l'energia che è in te si moltiplicherà di tante volte e questo ti sarà utile nel trading e in tutte le iniziative che vorrai intraprendere nella tua vita.

Ho preparato per te, che leggendomi fin qui hai ritenuto di potermi accordare la tua fiducia, un'offerta veramente unica e speciale che non riserverò ad altri: è un'esclusiva per te, per ringraziarti del tempo che hai voluto dedicare alla lettura di questo libro. È qualcosa di speciale e irripetibile.

Ti offro un prodotto unico, che comprende il corso di dinamica mentale in digitale e il percorso di Intelligence completo di tutta la didattica occorrente a condizioni speciali, grazie al quale tu, come lettore di questo libro, entrerai a far parte di un club riservato che ti offre molti privilegi particolari e il contatto direttissimo con me.

Dai un'occhiata a questa pagina, è riservata in esclusiva per te.

https://investors-mag.lpages.co/robottrading-mauriziomonti/

È un percorso completo, a condizioni molto convenienti e irripetibili, che ti permette poi di accedere ai gradi superiori del trading professionale: l'inizio di una carriera da trader con gli strumenti giusti, con la volontà da parte tua di riuscire e di farcela e da parte mia la determinazione a sostenerti fino al successo. Desidero solo il tuo successo, non altro. Non avrei scritto questo libro per nessun'altra ragione.

Se fai già trading, se ritieni di non voler seguire il percorso completo, se vuoi provare il prodotto Intelligence o gli altri prodotti della serie Tool per l'algoritmico, devi anzitutto iscriverti gratuitamente al sito www.traders-mag.it; vai quindi sullo shop del sito alla voce Tool e scegli il prodotto algoritmico che fa per te, in funzione della piattaforma che utilizzi (Metatrader o ProRealTime).

L'abbonamento a *Traders' Magazine* ti permette di ricevere ogni mese la rivista riservata agli abbonati, con le strategie dei professionisti pubblicate e verificate, gli approfondimenti, le notizie, tutto ciò che non puoi non sapere sul mondo del trading. Ti permette di accedere a tutte le iniziative e i prodotti di *Traders' Magazine Italia* a prezzi scontati e a condizioni riservate solo agli abbonati. Investi sulla tua conoscenza:

http://www.traders-mag.it/abbonamenti.aspx

Se hai bisogno di consigli sul trading o sul mondo degli investimenti, oppure vuoi contattarmi, il customer care della mia casa editrice è a tua disposizione, per telefono o email.

Dall'Italia: +39 02 30332800

info@traders-mag.it

Dalla Svizzera: +41 91 8663114

info@istitutosvizzerodellaborsa.ch

Ricordati, ho scritto questo libro per te! Perché tu possa coronare di successo il tuo desiderio di essere un trader vincente!

Grazie della tua pazienza, disponibilità e fiducia.

Che la vita possa sorriderti sempre.

Maurizio Monti